Charles Coquelin

Les Chemins de fer et les canaux

Essai

ISBN : 978-1973914051

10 9 8 7 6 5 4 3 2 1

Charles Coquelin

Les Chemins de fer et les canaux

Essai

Table de Matières

De la Rivalité actuelle des Chemins de Fer et des Voies navigables en France, en Angleterre et en Belgique.   6

Des travaux de canalisation   42

De la Rivalité actuelle des Chemins de Fer et des Voies navigables en France, en Angleterre et en Belgique.

I. – CONSIDÉRATIONS PRÉLIMINAIRES.

En abordant les hautes questions que notre sujet soulève, nous ne jugeons pas nécessaire d'en relever l'importance. Après les longues et solennelles discussions qui ont tant de fois agité les deux chambres, en présence des hésitations, des doutes, qui se sont manifestés dans leur sein et qui tiennent leurs résolutions comme suspendues depuis deux ans, quand d'une part l'avenir des chemins de fer est à peine connu, et que de l'autre l'existence même de notre système de navigation intérieure semble en péril, il est permis de croire qu'un puissant intérêt s'attache à la solution des problèmes auxquels a donné naissance la lutte engagée entre les chemins de fer et les canaux. Déterminer le caractère de cette lutte, en apprécier les conséquences probables, signaler à cette occasion les écueils de certaines théories décevantes, trop favorablement écoutées, tel est le but que nous nous proposons.

Déjà plusieurs écrits recommandables ont été publiés sur cette matière, et nous avons recueilli, sans les mettre toutes en usage, les précieuses données qu'ils fournissent [1]. Nous ne nous sommes astreint toutefois à suivre ; aucun de ces écrits, alors même que nous en adoptions les principes, d'autant mieux que nous faisons intervenir dans le débat des considérations d'une haute valeur selon nous et qu'on a trop négligées jusqu'à présent.

Dans notre manière de voir, les chemins de fer et les canaux se présentent comme devant concourir au même but par l'heureux accord de leurs fonctions. A ces derniers resterait la spécialité du transport des grosses marchandises ; aux autres appartiendrait de préférence le transport des personnes et celui des marchandises légères, ou plutôt de toutes celles pour lesquelles l'avantage d'une locomotion rapide l'emporte sur celui du bas prix. En ce sens, les deux modes de communication, quoique rivaux, et au sein de leur rivalité même, se prêteraient en quelque sorte une assistance mutuelle ; par leur concours, les besoins du public seraient mieux et plus complètement satisfaits. On ne veut pas qu'il en soit ainsi ; on prétend que la supériorité des chemins de fer est générale, absolue,

Charles Coquelin

et que partout où ils se trouvent en concurrence avec des voies navigables, ces dernières seront inévitablement détruites : c'est ce qu'il faut examiner.

Les chemins de fer, ainsi que le disait fort bien un ministre belge, l'emportent sur les voies navigables par leurs *qualités générales* comme moyens de transport, puisqu'en effet ils peuvent transporter à la fois, et à des conditions plus ou moins satisfaisantes, les personnes et les choses, les marchandises légères et les marchandises lourdes, tandis que les voies navigables, sauf quelques exceptions assez rares qui ne tirent point à conséquence, ne sont guère utiles ou convenables que pour le transport de ces dernières. C'est là une vérité, généralement, admise, qui n'a été, à notre connaissance, niée par personne, si ce n'est peut-être par ceux qui sembleraient avoir aujourd'hui le plus d'intérêt à l'affirmer. Il s'agit de savoir seulement si, dans l'emploi de leurs facultés *spéciales*, qui consistent à transporter économiquement les matières pesantes, les voies navigables ne l'emportent pas à leur tour sur toutes les voies rivales.

Avant tout, il convient de faire nos réserves. Quand il serait bien prouvé que les chemins de fer doivent neutraliser les canaux, comme moyens de transport, partout où ils seront établis en concurrence, nous nous garderions bien encore de proférer ce cri sauvage : supprimons les canaux pour établir des lignes de fer dans leurs lits. Les canaux sont les prolongements des rivières ; avec quelques avantages de moins, ils offrent aussi quelques avantages de plus, et, à tout prendre, ils en multiplient les bienfaisants effets. Ils distribuent d'une manière égale sur la surface d'un territoire ce fluide précieux, l'eau, dont la surabondance est un désordre, dont l'absence est un fléau. Ce n'est pas le moindre de leurs mérites d'agrandir le domaine de l'homme en augmentant l'étendue, de la terre cultivable. Si le sage ministre Sully regardait comme un service rendu à l'humanité la plantation d'un arbre, que n'aurait-il pas dit de la construction d'un canal ! On peut hésiter à ouvrir un canal à cause de la dépense que ce travail entraîne ; détruire celui qui existe, c'est un acte insensé, barbare, contre lequel l'humanité proteste.

S'il était vrai que les chemins de fer dussent rendre les canaux inutiles comme moyens de transport, loin de tirer de là la conséquence extrême que ces derniers doivent disparaître, tout en admirant la merveilleuse puissance des voies nouvelles, nous déplorerions peut-être ce résultat, qui, sans dispenser à l'avenir de la construction de certains canaux nécessaires, rendrait pourtant le public moins ardent à réclamer et le gouvernement moins prompt à entreprendre ces utiles créations. Nous le déplorerions d'autant plus que nous ne verrions plus alors, pour l'exploitation des voies nouvelles, de bon système possible. Abandonnées aux compagnies, elles deviendraient en peu de temps, c'est-à-dire après la destruction des canaux et malgré toutes les réserves des cahiers des charges, l'objet d'un monopole étroit dont le public paierait largement les frais. Réservées à l'état, elles deviendraient avec non moins de certitude la proie de ces maladies incurables, l'insouciance, l'oubli, la négligence, le désordre, maladies inévitables, fatales, dont tous les établissements de l'état sont affectés. Heureusement il n'en est rien, et nous espérons prouver clairement, malgré tous les raisonnements contraires, que les canaux conserveront toujours, quoi qu'il arrive, un avantage sensible sur les chemins de fer, quant au transport des marchandises pesantes.

Pour résoudre cette question, il semble qu'il devrait suffire de rassembler les faits épars qui se sont produits dans des contrées diverses, de les rapprocher et de les comparer. Quoi qu'on en dise, les faits ne manquent pas : ils suffisent amplement pour asseoir un jugement solide ; mais ces faits, considérés d'un peu loin, ne sont pas toujours bien compris, ils semblent même, à certains égards, se combattre, à tel point que des esprits prévenus y trouveraient sans peine la justification des opinions les plus contraires. Aussi la comparaison de ces faits, non éclairée d'avance par une judicieuse analyse des circonstances diverses qui peuvent modifier les prix, n'est-elle propre qu'à conduire, à travers une suite de contradictions apparentes, à un abîme de doute.

Trois éléments différents et très distincts constituent le prix total du transport des choses et des personnes : d'abord, le péage, qui représente l'intérêt des fonds engagés dans la construction de la voie et la dépense ordinaire de l'entretien ; ensuite, le transport proprement dit, qui comprend toutes les dépenses relatives au déplacement opéré sur la voie même, avec tous les frais administratifs qui s'y rapportent ; enfin, les frais accessoires, qui consistent surtout dans la prise des marchandises à domicile, le chargement et le déchargement, la remise à domicile. Or, il s'en faut bien que ces éléments divers subissent les mêmes influences et suivent les mêmes lois. De là des inégalités apparentes, des anomalies singulières, dans la lutte engagée entre les chemins de fer et les canaux, irrégularités, anomalies dont il faut se rendre compte, si l'on veut mettre entre les faits cette concordance qui seule en rend le témoignage concluant.

Si l'on devait s'en rapporter aux seules données théoriques, la question qui nous occupe serait bientôt résolue. On prouverait, par des calculs mathématiques, qu'une force égale entraîne une charge bien plus considérable sur une voie d'eau que sur des lignes de fer. Ces calculs, nous le savons, ne valent pas les leçons de l'expérience. Toutefois, sans leur accorder une importance décisive, il est permis de les prendre comme point de départ, et il est bon, dans tous les cas, de connaître, au moins par approximation, les conditions différentes de la traction dans les deux modes que l'on compare. Voici comment M. Cordier déterminait ces conditions dans un ouvrage publié en 1830 [2], le premier dans lequel ait été produite en France l'opinion de la supériorité absolue des chemins de fer sur les canaux.

Vitesse par heure	Effet utile de la force d'un cheval	«
	Sur un canal	Sur un chemin de fer de niveau
4,000 mètres.	48 tonnes.	13 tonnes.
8,000	6	6,30
12,000	1,77	4,20
16,000	0,75	3,10

N'examinons pas jusqu'à quel point ces données sont exactes ; un à peu près nous suffit, et, en les empruntant à un ouvrage où s'annoncent des idées opposées aux nôtres, nous ne serons pas suspect de les avoir choisies pour notre usage.

En suivant les indications de ce tableau, on trouverait donc que, pour une petite vitesse de 4 kilomètres à l'heure, une force égale obtiendrait des résultats beaucoup plus grands sur un canal que sur un chemin de fer ; le rapport serait de 48 à 13. Pour des vitesses plus grandes, le rapport changerait à tel point, que le chemin de fer l'emporterait à son tour : ce qui s'explique par la différence des résistances de l'air et de l'eau. Mais il est bon de remarquer que les petites vitesses conviennent aux canaux, tant parce que leur constitution s'en accommode que parce que les marchandises qu'ils transportent ne demandent pas une locomotion rapide, tandis que les chemins de fer sont spécialement consacrés aux transports accélérés ; et quand même la nature de leur service ne les inviterait pas à adopter les grandes, vitesses, la rigidité de leur structure leur en ferait une loi, car une marche plus lente y produirait aussitôt l'encombrement. Aussi peut-on dire que, si la vitesse naturelle des bateaux sur les voies navigables est de 4 kilomètres à l'heure [3], celle des convois de marchandises sur les chemins de fer est d'au moins 16 kilomètres, comme elle a été généralement réglée jusqu'à présent : d'où il suit que la charge d'un cheval, qui serait, dans le premier cas, de 48 tonnes, ne serait plus, dans le second, que de 3 et 1/10e, c'est-à-dire plus de quinze fois moins forte. Ce qui augmente encore cette inégalité déjà si grande, c'est le poids relatif des véhicules ; car un convoi de wagons, avec sa locomotive et son tender, pèse incomparablement plus qu'un bateau portant une charge égale. Ajoutons que, dans le tableau qui précède, on suppose un chemin de fer de niveau, ce qui ne s'est pas encore vu et ne se verra peut-être jamais, tandis que la ligne d'un canal, nous ne parlons pas des rivières, est toujours et nécessairement de niveau.

Avec de telles différences dans l'effort de la traction, il est difficile de comprendre que le transport puisse s'effectuer aussi économiquement sur un chemin de fer que sur un canal. Comment donc est-on parvenu à se faire illusion sur ce sujet au point de croire que le premier puisse lutter à conditions égales, ou même avec des conditions plus favorables ? Comment se fait-il surtout que certains faits, en petit nombre il est vrai, mais constants, semblent confirmer cette étrange croyance ? C'est précisément parce que le prix du transport, dans tous les modes possibles de communication, se compose, comme nous le disions tout à l'heure, d'éléments divers ; c'est parce que ces éléments ne sont pas sujets aux mêmes lois, qu'il s'y rencontre des inégalités indépendantes de la supériorité absolue du mode de transport, et que ces inégalités, quand on ne s'en rend pas compte, autorisent parfois les hypothèses les plus absurdes. C'est en outre qu'on a abusé des contradictions apparentes de certains faits mal examinés, mal compris. C'est enfin qu'on a profité de la confusion que ces contradictions font naître pour substituer aux simples indications de l'expérience des combinaisons captieuses, des calculs factices, qui semblent parfois mettre la raison même en défaut.

Nous n'avons qu'un seul moyen d'éviter à cet égard toute confusion, et de faire jaillir des faits les lumières qu'ils recèlent : c'est de considérer séparément chacun des éléments constitutifs des prix du transport. Qu'on nous pardonne l'aridité de quelques détails en faveur de l'importance du sujet. Dans l'avenir comme dans le présent, de grands intérêts s'attachent à la solution de ces questions.

II. – DU PÉAGE.

Suivant ce que nous avons dit précédemment, le péage ne serait pas dû pour les voies navigables, en ce que la dépense de leur construction et de leur entretien serait déjà compensée par les services qu'elles rendent à d'autres titres. Supposons toutefois que ce péage soit dû, puisqu'aussi bien on l'exige dans certains cas, et voyons quelles sont les lois qui le régissent.

Puisqu'il est destiné à couvrir l'intérêt d'une somme fixe, une fois déboursée pour l'établissement de la voie, et la dépense annuelle de l'entretien, qui ne change guère, on voit que, pour répondre à son objet, le péage doit produire annuellement une somme fixe, invariable. Supposons, par exemple, un canal dont la construction ait coûté 200,000 francs par kilomètre, et dont l'entretien exige, pour la même longueur, une dépense moyenne annuelle de 2,000 francs. En ajoutant à cette dernière somme l'intérêt à 5 pour 100 des capitaux engagés, on trouvera que la voie doit rapporter, à titre de péage, 12,000 francs par kilomètre et par an. Par un calcul semblable, on pourrait établir que pour un chemin de fer ce produit doit s'élever, par exemple, à 20,000. Ces données, une fois établies, demeureront d'ailleurs constantes, quoi qu'il arrive, puisque le point de départ ne change pas, c'est-à-dire, en d'autres termes, que pour que la construction et l'exploitation de ces voies ne soient point une mauvaise opération financière, il faudra qu'en tout temps le montant des droits perçus à titre de péage sur les transports s'élève à ces chiffres invariables, de 20,000 francs par kilomètre et par an pour le chemin de fer, de 12,000 pour le canal. Nous laissons de côté la part des bénéfices, qui est arbitraire, qu'on élève ou qu'on abaisse selon les circonstances, et qui n'est pas un élément nécessaire de notre calcul.

De cette fixité nécessaire du produit total du péage, il résulte qu'il se répartit d'une manière très inégale sur les transports, selon que ces transports sont plus ou moins multipliés. En effet, une somme de 12,000 francs répartie sur une circulation moyenne de 100,000 tonnes supposerait, pour indemniser les propriétaires de la voie, un tarif de 12 centimes par tonne, tandis qu'avec une circulation double ce tarif se réduirait aussitôt de moitié. Cette considération montre combien on s'est trompé quand on a voulu déterminer d'une manière générale le montant des droits à percevoir à titre de péage, soit sur les chemins de fer, soit sur les canaux. Il n'y a point à cet égard de règle sûre, au moins point de principe absolu, puisque cela dépend de la somme totale des transports effectués. L'assiette du péage varie donc selon l'activité de la circulation, et à cet égard les différences sont telles d'une voie à l'autre, que, dans certains cas, un prélèvement de 2 centimes par kilomètre et par tonne serait largement rémunérateur, tandis qu'ailleurs un prélèvement de 10 centimes constituerait à pelle, pour les propriétaires de la voie, une suffisante indemnité. Qui ne voit ici tout d'abord le principe et la cause de grandes inégalités dans les conditions d'exploitation ? On s'explique déjà, pour peu qu'on réfléchisse, les anomalies dont nous parlions tout à l'heure. Vainement, en effet, un mode de transport serait-il foncièrement égal, ou même supérieur à l'autre, si l'activité de la circulation ne permettait pas d'abaisser le tarif du péage au même niveau.

Il faut remarquer d'ailleurs que cette activité dépend à bien des égards de la situation, ce qui rend les anomalies dont nous parlons inévitables. On peut bien dire avec une certaine vérité, comme l'a fait tout récemment M. le ministre des travaux publics [4], que le bas prix des transports contribue à étendre la circulation en faisant naître pour ainsi dire les produits transportables. Rien de plus juste en thèse générale ; mais cela n'est vrai que dans une certaine mesure, et, quoi qu'on fasse, l'influence des situations se fait toujours sentir. Pour faire comprendre l'étendue de cette influence et rendre sensibles les vérités que nous énonçons, nous citerons un grand exemple qui nous servira du reste à plusieurs fins. Comparons l'une à l'autre deux voies de communication fort connues, qu'on a souvent citées, en tirant de leur rivalité des conséquences bien contestables : nous voulons parler du chemin de fer de Saint-Étienne et du canal de Givors.

Le canal part des environs de Rive-de-Gier et s'avance de là, dans la direction de l'est, sur une longueur de 16 kilomètres. A son point de départ c'est une impasse, de l'autre côté il débouche dans le Rhône, en aval de Lyon. Comme les bateaux qui en sortent chargés de houille ne peuvent pas remonter le cours de ce fleuve, dont la rapidité est connue, le canal de Givors ne sert point à l'approvisionnement de Lyon. Il n'y servait pas même avant la construction du chemin de fer, et cette ville recevait alors les houilles de Saint-Étienne par les routes ordinaires. Les provenances du canal ne vont donc pas au-delà de la vallée du Rhône ; elles ne l'approvisionnent même pas tout entière, car elles ne tardent point à y rencontrer la concurrence des mines de la Grand'Combe, qui, grâce à de belles voies de communication établies pour leur usage, exploitent avec avantage le bas du fleuve, dont elles sont voisines, et approvisionnent nos ports du littoral. Voilà donc un débouché limité par la nature des choses, c'est une sorte d'impasse des deux côtés. Dans cette situation, le tonnage du canal est, autant que nous pouvons le savoir, d'environ 200,000 tonnes par an.

La position du chemin de fer est tout autre. Son point de départ est à Saint-Étienne ; il se dirige de là sur Rive-de-Gier, où il rencontre le canal ; il le suit parallèlement jusqu'à Id jonction du Rhône. Là, pendant que les provenances du canal suivent le cours du fleuve vers le midi, le chemin de fer remonte vers le nord jusqu'à Lyon. A lui, et à lui seul, appartient donc d'abord l'approvisionnement de cette grande ville et de ses dépendances. A Lyon, les provenances du chemin de fer sont versées dans la Saône, fleuve tranquille et lent, qu'elles remontent sans peine et dont elles approvisionnent tout le bassin. De la Saône, elles passent ou dans le canal de Bourgogne, qui revient vers le centre de la France en traversant toute la riche province dont il porte le nom, ou dans le canal du Rhône au Rhin, qui s'incline vers l'est. Par cette dernière voie, elles vont approvisionner Mulhouse et l'industrieuse Alsace. A ce point, les débouchés du canal et ceux du chemin de fer ne sont déjà plus comparables ; ce n'est pourtant encore, par rapport à ce dernier, qu'une branche de son exploitation.

En retour de la ligne que nous venons de parcourir, le chemin de fer ne s'arrête point à Saint-Étienne ; il se prolonge en arrière vers la Loire, qu'il va toucher en deux endroits, à Andrezieux et à Roanne. Les houilles expédiées dans cette direction sont donc versées dans la Loire, bien près de la source du fleuve, dont elles peuvent parcourir dans toute son étendue et à la descente l'immense bassin. De ce côté, elles rencontrent, il est vrai, quelques concurrences, mais presque toujours locales, et dont elles triompheraient facilement grâce à leur excellente qualité et à leur prix, si le chemin de fer ne les grevait, dès leur départ, de frais de transport considérables. De la Loire, elles peuvent entrer dans les divers canaux qui, au nombre de quatre, coupent la partie centrale de la France, savoir : le canal du Centre, ceux du Nivernais, de Briare et d'Orléans ; enfin, soit par ces derniers canaux, soit par le canal de Bourgogne, elles viennent approvisionner, outre les points intermédiaires, la vallée de l'Yonne, la vallée de la Seine et Paris.

Nous n'avons pas besoin de faire ressortir l'importance et l'étendue de cette exploitation, surtout rapprochée de l'exploitation du canal de Givors. Il y a là une disproportion qui frappe les yeux. Eh bien ! ce n'est pas tout. Avec cette supériorité déjà si évidente de position, le chemin de fer peut encore disputer au canal le débouché qui lui est propre sans que l'avantage soit réciproque. En effet, ce dernier n'entre en communication, nous l'avons vu, ni avec la Saône ni avec la Loire aussi les régions de l'est, du nord et de l'ouest de la France lui sont comme interdites. Toute son activité est tournée vers le midi par sa communication avec le Rhône. Le chemin de fer, au contraire, touche ce fleuve comme le canal et au même point, d'où il suit qu'il peut lui disputer encore l'unique débouché dont il jouit.

Si l'on considère attentivement cette position du chemin de fer de Saint-Étienne, on trouvera peut-être qu'elle est sans égale dans le monde. De la crête élevée qu'il occupe, il commande et relie entre elles nos principales voies de communication vers le nord et le midi. Traversant un bassin houiller d'une grande richesse, au centre d'un grand pays qu'on peut dire généralement affamé de houille, il tient pour ainsi dire à son service, pour distribuer ce produit sur la surface du territoire, tous nos beaux fleuves, la Garonne exceptée, et tous nos principaux canaux. A l'est, il répand ses produits jusqu'à la rencontre des houilles prussiennes de Sarrebruck, qui paient un droit à la frontière, et pour lesquelles il n'existe jusqu'ici d'autre moyen de transport que le charroi. Au nord, son débouché n'est limité que par la concurrence des charbons de Mons et de Valenciennes ; à l'ouest, malgré quelques concurrences locales, sa circulation n'est vraiment bornée que par la concurrence des charbons anglais, qui approvisionnent nos ports ; enfin, au midi, il tient à son service le Rhône, qui porte ses produits jusqu'à la mer : position vraiment unique, à laquelle on ne peut pas même comparer celle des chemins de fer ou des canaux qui portent les riches produits des houillères anglaises à l'Océan pour les répandre de là sur les deux mondes !

Dans cette position, le chemin de fer de Saint-Étienne met en circulation environ 650,000 tonnes par an [5]. Pour un chemin de fer c'est énorme, et on a remarqué avec raison qu'il n'y en a pas un seul en Europe qui soit autant chargé. Relativement à la situation, c'est excessivement peu. Aussi croyons-nous que l'on a fait une grande faute en établissant là, au lieu d'un bon canal qui eût suffi à l'immense circulation que la position prescrit, un chemin de fer qui déjà faiblit sous le poids de sa tâche et ne la remplira jamais qu'à demi.

Quoi qu'il en soit, on voit qu'ici la position commande pour ainsi dire une circulation considérable, tandis que celle du canal de Givors est nécessairement plus bornée, puisqu'elle n'affecte qu'une seule des branches que le chemin de fer exploite [6]. Dès-lors il y a une inégalité nécessaire dans le tonnage des deux voies, et par suite des conditions très différentes pour le péage.

Prenons les chiffres tels qu'ils sont. Le tonnage du chemin de fer étant donc de 650,000 tonnes (et nous faisons volontairement abstraction des voyageurs), et l'intérêt de la mise de fonds ainsi que l'entretien de la voie exigeant par hypothèse un prélèvement total de 20,000 francs par kilomètre, on voit que le droit à percevoir à titre de péage n'est que de 3 centimes par kilomètre et par tonne, tandis que le canal de Givors ne transportant que 200,000 tonnes, il est clair que, pour obtenir la somme de 12,000 francs qui forme le montant présumé des intérêts de la mise de fonds et de l'entretien de la voie, il ne peut pas, sans se constituer en perte, abaisser le chiffre du péage au-dessous de 6 centimes par kilomètre et par tonne. Telle est l'inégalité de taxation que la situation seule commande sans que le mérite propre de chacune des deux voies puisse l'effacer. De là plusieurs conséquences fort importantes.

Et d'abord, quant au fait particulier dont il s'agit, on voit que, bien examiné, il conduit à des conclusions diamétralement contraires à celles qu'on en a tirées précédemment. On a dit : Le chemin de Saint-Étienne a forcé le canal de Givors à baisser ses tarifs, il a réduit presque à rien ses bénéfices ; donc le chemin est supérieur au canal. Eh bien ! supposez seulement les deux voies égales en puissance, qu'arrivera-t-il ? C'est que le chemin de fer pouvant, grâce aux immenses débouchés qui lui sont propres et que son rival ne peut pas lui disputer, se contenter d'un péage beaucoup moindre, la lutte serait déjà par cela seul fort inégale. En outre, comme le premier pourrait encore, sur la ligne unique où ils se rencontrent, s'imposer momentanément quelques sacrifices sans cesser de réaliser des bénéfices dans d'autres directions, tandis que les pertes sur le canal seraient sans compensation possible, il est évident que le chemin de fer attirerait à lui sans grand effort tout ce qui reste à la circulation de son rival. Si le canal de Givors se soutient néanmoins dans une situation si défavorable, ce ne peut être qu'en raison de l'extrême supériorité qu'il a d'ailleurs comme moyen de transport. C'est qu'il compense par le plus bas prix de la locomotion la surélévation nécessaire de son péage. Changez les positions, mettez le chemin de fer à la place du canal et le canal à la place du chemin de fer, et ce dernier ne transportera pas une tonne de charbon.

Quant aux conséquences générales qui découlent de ce rapprochement, tout le monde les a déjà comprises. C'est d'abord que le péage est un élément trop variable, trop subordonné à l'influence des positions, pour que l'on puisse en faire l'objet d'un calcul régulier ; c'est, en outre, que l'intervention de cet élément dans la composition des prix suffit pour expliquer les inégalités, les anomalies singulières que l'on remarque dans la lutte engagée entre les chemins de fer et les canaux ; c'est enfin que, si l'on veut déterminer d'une manière absolue les conditions de supériorité de l'un des deux modes de transport sur l'autre, il faut de toute nécessité faire abstraction de cet élément, dont les variations, pour ainsi dire capricieuses, mettraient en défaut tous les calculs.

Il faut pourtant bien, dira-t-on, en tenir compte, quand il se trouve, comme par exemple en Angleterre, que tous les canaux sont possédés par des compagnies qui les exploitent en vue d'un bénéfice. C'est qu'en effet le péage peut alors changer les conditions de la lutte en élevant les tarifs. Eh bien ! quelle en est alors l'influence ? Cette influence, répétons-le, est variable selon les positions. Il faut dire pourtant, et cette considération qui ne nous a point échappé est assez grave, que les chemins de fer ont toujours à cet égard un avantage qui frappe les yeux : c'est que, joignant au transport des marchandises celui des personnes, ils peuvent diviser pour ainsi dire le fardeau du péage entre les deux services, de manière à n'en laisser qu'une partie à la charge des marchandises.

Il y a plus : comme les chemins de fer n'ont pas en général, pour le transport des personnes, de concurrence à craindre, si la circulation des voyageurs devient assez active, rien n'empêche qu'ils ne reportent le péage tout entier sur cette seule partie du service, de manière à en exonérer complètement celle qui se rapporte aux marchandises. C'est même ce qui se pratique dans bien des cas, surtout en Angleterre. Cet avantage est réel, et il est grand : il suffirait pour rendre la lutte généralement impossible, si les canaux n'avaient pas à d'autres égards une supériorité marquée. Dans l'état présent des choses, il procure du moins aux chemins de fer une supériorité relative en certains cas, c'est-à-dire là où la circulation des marchandises est bornée ; mais les canaux conservent leurs avantages partout où cette circulation est assez active pour leur permettre au moins de répartir le péage sur un très grand nombre d'unités. Tout ceci ressortira, du reste, beaucoup mieux quand nous aurons déterminé les prix comparatifs du transport.

III. – DU TRANSPORT.

Il n'en est pas du prix du transport comme du péage. Bien qu'assurément l'exploitation d'une voie quelconque doive s'effectuer avec plus d'économie là où une circulation active fournit plus ordinairement des chargements complets, comme les frais du transport se renouvellent à chaque opération, ils s'élèvent avec le tonnage, et il n'est plus possible de les amortir ou de les atténuer d'une manière indéfinie. C'est donc là une dépense qu'il est possible de déterminer d'une manière approximative pour les chemins de fer comme pour les canaux, et à cet égard une comparaison régulière est praticable.

Ce n'est pourtant pas à l'aide du calcul que l'on peut arriver à établir cette comparaison. Il y a dans toutes les entreprises industrielles, et particulièrement dans l'exploitation des voies de communication, une si grande part à faire à l'imprévu et aux inévitables irrégularités du service, qu'il est impossible de tout embrasser, de tout comprendre dans un compte fait *à priori*. On ne le peut pas même en se servant de quelques exemples, parce que les situations diffèrent, et que des calculs applicables à telle exploitation ne le sont pas à telle autre, fussent-elles voisines. Aussi les calculs qu'on a présentés sur ce sujet sont-ils en général fort peu concluants : ils le sont d'autant moins, que la plupart de ceux qui les ont dressés, agissant dans un esprit d'exagération systématique, ou se livrant aux caprices de leur imagination, ont tantôt dissimulé les dépenses en exagérant les produits, tantôt raisonné sur des hypothèses beaucoup plus que sur des réalités. Sans parler de quelques combinaisons fantastiques, qu'on a présentées comme des déductions solides, la plupart de ceux qui ont voulu établir par le calcul le plus bas prix possible du transport sur les chemins de fer se sont plu à rassembler par la pensée sur une seule ligne tous les avantages en quelque sorte épars sur plusieurs, oubliant que, dans tous les genres d'industrie, chaque établissement particulier a ses défauts et ses mérites, et que, s'il en est par hasard un qui réunisse tous les avantages possibles, celui-là fait exception.

À quoi bon d'ailleurs, les calculs ? Pourquoi s'égarer dans le dédale des chiffres, pour en tirer laborieusement des inductions suspectes, quand on a devant soi des éléments d'appréciation plus sûrs dans des faits visibles, constants ? Des calculs ! nous n'en demandons pas pour reconnaître et constater le prix effectif du transport sur les canaux ; nous le prendrons tout simplement dans les tarifs

Charles Coquelin

de la batellerie. Il nous suffira de distraire de ces tarifs le montant du péage, et comme ce dernier est perçu par des mains différentes, sous le titre de droits de navigation, il nous sera très facile de faire la distinction. Eh bien ! cette distinction, il n'est pas plus difficile de la faire pour les chemins de fer. C'est qu'en effet les compagnies qui les exploitent sont naturellement conduites, au moins dans le cas d'une concurrence réelle avec les voies navigables, à reporter le péage tout entier sur le service des voyageurs, de manière à en exonérer complètement le service des marchandises, en sorte que le tarif propre à ces dernières ne représente réellement que la dépense effective du transport. Ainsi, voulez-vous connaître le prix réel, sérieux, pratique, du transport des marchandises sur les chemins de fer : prenez tout simplement les tarifs de ceux qui sont concurrents des canaux. Il s'y trouve quelques inégalités, parce que les conditions d'exploitation ne sont pas partout les mêmes ; mais, en prenant une moyenne, on ne peut manquer d'arriver à une appréciation exacte.

Nous savons bien que ce résultat sera nié par ceux même qui l'ont invoqué tant de fois à l'appui de leurs doctrines. Comme tout ceci n'a pas été jusqu'à présent bien expliqué, bien défini, on profite de l'espèce de confusion qui règne entre les divers éléments dont les tarifs se composent pour se faire du péage une sorte d'arme à deux tranchants. Veut-on prouver, en thèse générale, la supériorité des chemins de fer sur les canaux, on rappelle avec complaisance qu'ils réunissent deux services distincts, celui des personnes et celui des choses, et que, le premier suffisant en général à couvrir toutes les dépenses fixes, on peut exonérer de ces dépenses les marchandises. Vient-on ensuite à comparer en fait, terme à terme, les prix respectifs, des chemins de fer et des canaux, on change de langage et on allègue que les tarifs des chemins de fer comprennent le péage, dont les canaux sont, à ce qu'on prétend, injustement exemptés. Il faut pourtant choisir : ou bien cette faculté de reporter les dépenses fixes sur le compte des voyageurs n'est pas réelle, et il faut alors renoncer à s'en prévaloir comme d'un argument favorable, ou bien elle existe en effet, sans que rien empêche les compagnies d'en faire usage, et dans ce cas il faut convenir que les tarifs des chemins de fer pour les marchandises sont la mesure exacte du prix du transport.

Entre ces deux hypothèses, le choix ne saurait d'ailleurs être un instant douteux. Il est évident que toute compagnie qui, pouvant couvrir ses dépenses fixes avec la recette effectuée sur les voyageurs, se trouvera pour les marchandises en concurrence avec une voie navigable, sera naturellement, nécessairement amenée, par la seule considération de son intérêt bien entendu, à ne tenir compte pour les marchandises que de la dépense effective du transport. Le simple bon sens le veut ainsi ; puisqu'en effet les autres dépenses étant déjà couvertes, tout ce que cette compagnie percevra sur les marchandises en sus du prix du transport augmentera d'autant ses bénéfices nets. Nul doute que les choses ne se passent ainsi dans la pratique, surtout en Angleterre, où la concurrence entre les chemins de fer et les canaux est générale. Aussi peut-on dire hardiment que les prix portés sur les tarifs pour les marchandises ne représentent que la dépense pure et simple du transport.

Eh bien ! en consultant ces tarifs, que trouvons-nous ? Il existe en Angleterre quelques compagnies qui, plus favorisées que les autres, soit par l'excellent établissement de leur voie et son heureuse direction, soit par la nature des marchandises qui font l'objet ordinaire de leur trafic, ont pu abaisser leurs tarifs jusqu'à 6 centimes 1/4 ou 6 1/2. Ces compagnies sont en petit nombre ; on les cite, et, à vrai dire, ce sont des exceptions. Voilà donc jusqu'ici l'extrême limite, le dernier terme du bas prix auquel on ait pu parvenir, non pas sur les chemins de fer en général, mais en Angleterre seulement et sur quelques chemins de fer privilégiés. Encore faut-il s'entendre. Même dans ces cas particuliers, ce prix n'est applicable qu'à la houille, qui est, de toutes les marchandises, la plus commode pour la manutention, et à tous égards la plus favorable à l'exploitation économique des chemins de fer. Pour toutes les autres, les tarifs sont maintenus plus haut : ainsi, 9 centimes pour les fontes ; 10, 12 centimes et plus pour le reste. Si nous fixons donc la moyenne de la dépense effective du transport en Angleterre à 7 centimes par tonne pour quelques chemins privilégiés, à 8 centimes pour le grand nombre, il nous semble que, loin d'exagérer cette moyenne, nous faisons au contraire à ceux dont nous combattons les doctrines une assez large concession ; bien entendu que nous n'appliquons ceci qu'à l'Angleterre, en faisant cette remarque que si, dans ce pays, l'établissement des chemins de fer a généralement coûté plus qu'ailleurs, l'exploitation en est plus économique, tant parce que les lignes y sont construites suivant les données les plus rigoureuses de l'art, que parce que le charbon, le fer, la fonte, la construction et la réparation des appareils mécaniques y sont à plus bas prix que dans le reste de l'Europe.

Voyons maintenant ce qui se passe en Belgique.

En faisant, d'après les documents officiels, le relevé par classes des marchandises transportées dans ces dernières années par le chemin de fer belge, et en appliquant à ces données les prix portés sur les tarifs, on trouve, par un calcul assez simple que nous jugeons inutile de reproduire ici [2], que la moyenne du prix du transport est d'environ 11 centimes par kilomètre et par tonne. Ce n'est pourtant pas cette moyenne que nous adopterons. Le tarif belge s'applique en effet d'une manière assez inégale ; il faut d'abord se rendre compte de ces inégalités.

Voici un tableau que nous avons dressé à l'aide d'un tarif pris, en 18f3, à la station d'Anvers. Ce n'est qu'un extrait, mais suffisant pour rendre compte de toute l'économie du tarif et des différentes vues dont il offre l'application. Nous avons reproduit exactement dans une première partie du tableau les prix tels qu'ils sont indiqués sur le document originaire, c'est-à-dire de station à station, et par 100 kilogrammes. Dans une seconde partie du même tableau, en ajoutant une colonne pour indiquer les distances, nous avons ramené les prix à la tarification par kilomètre et par tonne.

EXTRAIT DU TARIF BELGE.
STATION D'ANVERS.

Stations	Distances	Marchandises de roulage les 100 kg	«	«	Articles de messageries
		1re classe	2e classe	3e classe	
D'Anvers à Malines… [8]	»	25 e.	40 e.	50 c.	1,25 c.

D'Anvers à Termonde.	»	45	70	90	2,25
D'Anvers à Courtray	«	1,05	1,60	2,10	5,25
D'Anvers à Liège	«	1,25	1,90	2,50	6,25
		Par km et par tonne	«	«	
D'Anvers à Malines	25 kil. 500	10 c.	16 c.	20 c.	49 c.
D'Anvers à Termonde	52	8,6	13,4	17,3	43
D'Anvers à Courtray	124 km 500	8,4	12,8	16,8	42
D'Anvers à Liége	120	10,4	15,8	20,8	52

On peut faire, sur l'examen seul de ce tableau si court, plusieurs observations importantes.

Il faut remarquer d'abord que nous y avons compris à dessein deux lignes distinctes, celle d'Anvers à Courtray par Malines et Termonde, et celle d'Anvers à Liège, lignes placées dans des conditions fort différentes, en ce que la première est, dans toute son étendue, accolée à une voie navigable, tandis que la seconde est au contraire isolée dans la plus grande partie de sa longueur et affranchie de toute concurrence. C'est la seule branche du chemin belge qui soit dans ce cas.

Sur la première ligne, celle d'Anvers à Courtray, nous voyons que les prix baissent proportionnellement à mesure que les distances deviennent plus grandes. Ainsi le tarif, qui est de 10 c. par kilomètre et par tonne d'Anvers à Malines, n'est plus que de 8 c. 4 d'Anvers à Courtray. C'est qu'en effet on a trouvé, ce qu'il est facile de comprendre, que les voyages à courtes distances sont proportionnellement plus dispendieux pour le chemin de fer que les voyages plus longs ; il était juste de tenir compte de cette différence. Le prix de 8 c. 4, porté pour le voyage d'Anvers à Courtray est, du reste, le chiffre le plus bas du tarif normal. Nous verrons bientôt les exceptions.

Quant à la seconde ligne, celle de Liège, le tarif est beaucoup plus élevé. Quoique la distance soit à peu près la même que celle d'Anvers à Courtray, il y a une différence de 2 centimes par kilomètre et par tonne. D'où vient cette différence ? Rien de plus simple : elle vient précisément de ce que la ligne de Liège est isolée et n'a pas de concurrence à craindre, tandis que l'autre, celle de Courtray, a besoin, pour conserver un tonnage tel quel, de se rapprocher autant que possible des tarifs des canaux concurrents.

On a écrit et répété, avec une assurance qui nous étonne, que le chemin de fer belge ne pouvait pas être pris pour exemple, que le gouvernement, qui en est propriétaire et qui le dirige, n'avait pas voulu le faire entrer en lutte avec les canaux ; que, trouvant les canaux établis et voulant les utiliser, puisqu'ils existent, il les avait volontairement ménagés par les graduations arbitraires de ses tarifs. Voilà pourtant jusqu'où peut aller dans le champ des hypothèses une imagination complaisante et facile ! Sur le seul examen de ce qui précède, on peut reconnaître d'abord qu'il n'y a rien d'arbitraire dans le tarif belge : il est au contraire parfaitement raisonné et très logique ; mais on voit en même temps que les combinaisons en sont dirigées dans un esprit tout différent de celui qu'on imagine. Si le gouvernement belge avait eu la pensée qu'on lui prête, il eût élevé le tarif sur la ligne d'Anvers à Courtray, concurrente d'une ligne navigable, tandis qu'il l'eût abaissé sur celle d'Anvers à Liège, où il n'existe pas de canaux, et il a fait précisément tout le contraire. C'est qu'en effet, par les graduations non arbitraires, mais très raisonnées, très conséquentes de son tarif, il a eu pour but de ménager le chemin de fer dans la lutte fort inégale qu'il avait à soutenir contre les canaux pour le transport des marchandises pesantes. Oui, le gouvernement belge a subordonné les tarifs du chemin de fer à l'existence des canaux, mais ce n'est pas en vue de ménager ces derniers, qui n'avaient pas besoin, et l'expérience le prouve, de tels ménagements. Il l'a fait uniquement pour attirer autant que possible au chemin de fer quelque chose de l'énorme clientèle de ses rivaux. C'est pour atteindre ce but qu'il a abaissé les tarifs jusqu'aux dernières limites du possible là où la concurrence existe, sauf à se dédommager ailleurs.

Le plus bas prix normal du tarif belge est donc de 8 c. 4. Quant aux exceptions ou restrictions, les voici :

Il est entendu d'abord que les prix ci-dessus, bien que fixés par 100 kilog., ne sont applicables qu'à des chargements entiers de vagons, de 4,000 à 4,500 kilog. Toutefois, les marchandises pesant moins de 4,000 k. et plus de 500 sont admises aux mêmes prix, mais avec cette restriction qu'elles ne seront expédiées qu'en dedans des trois jours, c'est-à-dire que l'administration se réserve dans ce cas la faculté de les faire servir, en temps utile, à compléter ses chargements. Il est fait une remise de 10 pour 100 aux marchandises de la première classe quand elles sont expédiées par chargements de 20 vagons et plus ; la remise est de 20 pour 100 pour la houille et les fontes de fer en gueuses à transporter à 80 kilomètres et plus ; elle est de 30 pour 100 pour l'exportation.

Dans tout l'ensemble de ce tarif aussi bien que dans chacune de ses dispositions, deux pensées se manifestent, à ce qu'il nous semble, d'une manière bien frappante et bien claire. La première, c'est de ne pas ménager les canaux, ou plutôt d'obtenir, à l'aide même de quelques sacrifices, que le chemin de fer participe au mouvement considérable qui les anime. C'est ainsi d'abord qu'on abaisse les tarifs sur les lignes qui leur sont parallèles en les relevant ailleurs ; c'est encore ainsi qu'on accorde des remises pour les gros chargements qui semblent appartenir plus particulièrement à la voie navigable ; c'est dans le même esprit enfin qu'on élève considérablement, ainsi qu'on peut le ! *sir, le tarif pour les articles de messageries, qui ne reviennent jamais aux canaux. L'autre pensée, qui n'est pas moins saillante, c'est celle utiliser autant que possible le railway en lui attirant par des concessions les gros chargements et les transports à longues distances, qui font toujours les plus économiques. C'est après cela qu'on a pu dire que le gouvernement belge, par égard pour les voies navigables, ne cherchait pas assez à utiliser son railway. Nous demanderons ce qu'eût fait de plus une compagnie intelligente, intéressée, qui eût voulu engager avec les canaux une lutte sérieuse ? Quant aux fortes remises que le chemin de fer accorde sur les marchandises destinées à l'exportation, elles appartiennent à un autre ordre d'idées ; ce sont des sacrifices que le gouvernement s'impose pour favoriser l'exportation et le transit. Ces sacrifices n'ont jamais été d'ailleurs considérables, car les mar-

Charles Coquelin

chandises qui ont joui de ce privilège ne forment que 2 3/4 pour 100 du mouvement total, la plus grande masse des exportations ayant continué à se faire par les voies navigables.

Appuyés sur ce qui précède, et considérant d'autre part que le gouvernement belge ne tire de l'exploitation de son chemin de fer qu'un intérêt très modéré du capital, nous pouvons dire hardiment que la dépense effective du transport est sur ce chemin d'au moins 9 centimes par kilomètre et par tonne, et en vérité, en l'établissant à ce taux, nous faisons acte de grande modération. Cela ne veut pas dire que les transports ne puissent à la rigueur s'effectuer à un moindre prix dans certains cas particuliers, et que tel wagon, par exemple, qui vient fort à propos compléter un convoi, ne puisse être ajouté à moins de frais à la masse totale ; mais cela veut dire que, sur l'ensemble, avec 9 centimes par kilomètre et par tonne, le chemin belge ferait à peine ses frais.

Que dirons-nous maintenant pour la France ? Il est évident d'abord que le service ne saurait, toutes circonstances égales d'ailleurs, s'y effectuer aux mêmes conditions qu'en Angleterre ou en Belgique, puisqu'en effet tous les matériaux dont les chemins de fer se servent, les machines qu'ils emploient et le charbon qu'ils consomment, y sont à plus haut prix. Malheureusement les faits nous manquent ici pour asseoir une base, car, outre que les chemins français sont encore en petit nombre, nous n'en connaissons aucun qui se trouve, quelques suppositions que l'on ait faites à cet égard, en concurrence réelle, en concurrence réglée avec une voie navigable.

S'il est en France un fait que l'on puisse prendre, non comme base, mais comme point de départ d'une appréciation, c'est le prix de revient, assez bien constaté et connu, du transport des marchandises sur le chemin de Saint-Étienne. On l'a établi, d'après les comptes-rendus de la compagnie, à environ 8 centimes par tonne, non compris l'intérêt du matériel roulant. Quoique ce chiffre nous paraisse un peu trop faible, nous l'acceptons pourtant ; mais il faut dire, malgré toutes les assertions contraires, que c'est là un prix de revient exceptionnellement bas, et auquel nul autre chemin de fer en France ne pourra prétendre.

On parle des inconvénients particuliers au chemin de Saint-

Étienne, du peu de largeur de ses entre-voies, de la raideur de ses courbes, de l'imperfection de son matériel (aujourd'hui réparée) et de ce qui lui reste encore de son ancienne méthode de traction par chevaux. Tous ces inconvénients sont réels, bien qu'on les exagère ; cependant on ne prend pas garde qu'ils affectent beaucoup moins le transport des marchandises que celui des personnes. Qu'importe la largeur des entrevoies, qu'importe aussi la raideur des courbes, avec les petites vitesses que les marchandises demandent ? Et quant à la traction par chevaux, P il n'est pas bien sûr que pour les petites distances où elle était particulièrement employée, elle revînt à plus haut prix que la traction par les locomotives. A d'autres égards, quels avantages ce chemin n'a-t-il pas sur tous les autres ? D'abord l'extraordinaire importance de son trafic, qui tient à sa position particulière et qui sera difficilement égalée, circonstance qui seule lui assure une économie relative considérable. Ensuite la nature même de ce trafic, qui consiste pour la plus grande partie en transport de charbon [2], avantage immense, inappréciable, et que rien ne peut compenser ailleurs. Qui n'a remarqué, en effet, que lorsque l'on cite de temps à autre un chemin de fer comme exemple de l'abaissement possible des tarifs, c'est toujours sur la houille que la baisse porte, c'est toujours d'un chemin houiller qu'il s'agit ? C'est qu'en effet, outre que le charbon est, de toutes les marchandises que les chemins de fer transportent, la plus commode, la plus maniable, la plus facile à arrimer, à charger et à décharger (surtout quand on en fait un trafic habituel et que les wagons sont disposés en conséquence), c'est encore de toutes les marchandises celle qui fournit, lorsqu'elle abonde comme dans le cas présent, le trafic le plus régulier, le plus égal, le plus constant, le plus propre enfin à assurer pour chaque jour le mouvement de la veille, et pour chaque convoi un chargement complet. A tant d'avantages que la plupart des chemins houillers ne possèdent pas au même degré que celui de Saint-Étienne, ajoutez celui non moins précieux de traverser le bassin houiller dans toute son étendue, et d'être en contact direct avec la plupart des mines par de petits embranchements. Aucun chemin français, disons-le hautement, ne peut prétendre à de tels avantages : aussi les prix seront-ils partout ailleurs beaucoup plus élevés.

Tout bien considéré, nous ne croyons pas que la dépense effec-

Charles Coquelin

tive du transport sur les chemins français s'éloigne beaucoup de 10 centimes en moyenne. Ainsi, en Angleterre, 7 centimes pour quelques lignes particulières, c'est-à-dire pour les chemins houillers, 8 centimes au moins pour les autres ; en Belgique, 9 centimes pour l'ensemble du réseau ; en France, de 9 à 10, en se rapprochant beaucoup de ce dernier chiffre : voilà les prix réels, effectifs, déduction faite du péage.

Voyons maintenant quels sont les prix correspondants des canaux. On peut s'en faire une idée juste par le seul examen du tableau suivant, qui offre le relevé des tarifs pour les principales lignes de navigation aboutissant à Paris.

Indication des lignes	Fret total par tonne et par km	Décomposition du fret	«
Ligne du Nord		Droits de navigation	Transport
De la frontière belge à Paris	0,0399	0,0175	0,0224
De Dunkerque à Paris	0,0438	0,0175	0,0263
Lignes de Lyon à Paris			
1° Par le canal de Bourgogne	0,0541	0,0191	0,0363
2° Par le canal du Centre et le canal latéral	0,0826	0,0516	0,0300
Ligne de Roanne à Paris	0,0631	0,0308	0,0323
Canal de l'Ourcq 1° Bois	0,0631	0,0394	0,0237
Canal de l'Ourq 2° Pavés	0,0311	0,0125	0,0186

Seine à la remonte	0,0504	0,0029	0,0475

Nous n'aurons à faire que quelques observations sur ce tableau. Écartant le prix du transport sur la Seine, qui ne saurait être pris en considération, nous trouvons une moyenne d'environ 3 centimes ; mais il est bon de remarquer que pas une des lignes indiquées ci-dessus, si ce n'est peut-être la petite ligne du canal de l'Ourcq, n'est absolument complète. On sait, par exemple, que, dans leur voyage de Lyon à Paris, par le canal de Bourgogne, les bateaux éprouvent de graves interruptions sur l'Yonne, où ils sont obligés de se' débarrasser d'une partie de leur chargement et de prendre des allèges. Ailleurs ce sont des inconvénients d'une autre sorte. On croit qu'il en est autrement de la ligne du nord, et on a dit, en parlant de cette ligne, que la navigation y est irréprochable. Si l'on parle du service de la batellerie, nous conviendrons qu'il s'y fait bien, que les entrepreneurs du transport par eau y font à peu près tout ce qu'on peut attendre d'eux, sans qu'il y ait pourtant rien d'exceptionnel, ni surtout rien d'artificiel dans leur manière d'opérer ; mais quant à la voie d'eau considérée en elle-même, il s'en faut bien qu'elle soit irréprochable. Elle ne le serait qu'autant qu'on aurait exécuté le canal projeté de Pontoise à Saint-Denis. Jusqu'ici les bateaux venant du nord sont obligés de se livrer, de Pontoise jusqu'à Saint-Denis, à la navigation tourmentée de la Seine, non sans danger pour eux et pour les marchandises qu'ils portent. L'inconvénient est d'autant plus grave que ces bateaux ne sont pas construits pour ce genre de navigation. C'est là une véritable lacune dans la voie navigable du nord, et cette seule circonstance grève le transport d'au moins 2 francs par tonne. On voit donc que les prix ci-dessus, quoique déjà fort modérés, ne sont pas encore les prix réels, les prix définitifs de la voie d'eau, et que celle-ci, une fois débarrassée de ses entraves, effectuera sans peine les transports à 2 centimes 1/2 au plus. Et qu'on ne dise pas que les entraves, les inconvénients que nous signalons ici, sont de l'ordre de ceux dont nous parlions plus haut, qui tiennent à la nature des choses, et qu'on retrouve partout, sur les chemins de fer comme ailleurs. Non ; ce sont de véritables lacunes, semblables à celles que l'on signale, par exemple, avec raison, sur la ligne de fer de Strasbourg

Charles Coquelin

à Bâle, et qui attestent seulement un travail inachevé. Ces lacunes disparaîtront sans aucun doute. L'Yonne sera améliorée et mise en harmonie avec le reste de la voie dont elle fait partie, et quant à la ligne du nord, elle recevra tôt ou tard son complément nécessaire dans un canal de Pontoise à Saint-Denis, à moins que les améliorations projetées sur la Seine ne rendent ce complément inutile.

Ainsi, 2 centimes 1/2 par kilomètre et par tonne pour les canaux, de 9 à 10 centimes pour les chemins de fer : voilà les termes réels de la comparaison à établir entre les deux modes de transport. Tel est le rapport véritable, déduit, non de calculs abstraits, de raisonnements théoriques, mais des données positives que la pratique fournit.

Si l'on voulait à toute force opposer aux faits réels, aux données de la pratique, des calculs abstraits, qu'on sache bien que nous pourrions à notre tour produire des calculs, semblables. On prouverait par des chiffres que les chemins de fer sont en mesure de transporter les marchandises à raison de 6 centimes et moins ; nous prouverions à notre tour, par des chiffres aussi admissibles, aussi concluants, que les canaux peuvent effectuer ces mêmes transports pour moitié des prix qu'on vient de voir. Nos calculs, et nous le déclarons d'avance, quelque rigoureux qu'ils parussent et qu'ils fussent en effet, seraient au fond entachés d'erreur, parce qu'ils ne tiendraient pas toujours compte des faux frais, des non-valeurs, des interruptions de services, de ces mille incidents de la pratique, que la pratique seule révèle ; mais ils vaudraient tout juste autant que ceux qu'on nous oppose. Bien plus, ils se justifieraient par des faits, car les prix ci-dessus, qu'on le sache bien, ne s'appliquent qu'à un trafic régulier, à un service de transport suivi, et si nous voulions sortir de cet ordre normal de faits, nous trouverions ailleurs des prix d'occasion incomparablement plus bas. Ainsi ces mêmes bateaux qui naviguent, à la demande du commerce, aux prix stables qu'on vient de voir, vont souvent, dans les intervalles de temps que cette navigation régulière leur laisse, utiliser leurs chômages accidentels en s'offrant pour transporter, à des distances plus ou moins grandes, des matières de peu de valeur, comme du sable, du gravier, du fumier, de la marne, à des prix considérablement réduits ; mais ce n'est pas sur ces faits accidentels qu'une appréciation doit s'établir.

S'il en est ainsi, dit à ce propos un des hommes dont nous combattons les doctrines, s'il y a, en effet, une différence si notable entre le prix des canaux et celui des chemins fer, comment se fait-il que ces derniers aient jamais pu, lorsqu'ils se trouvaient en concurrence avec des voies navigables, transporter seulement une tonne de marchandise ? Comment se fait-il, dirons-nous à notre tour, que le roulage même, dont les prix sont encore plus élevés, et qui ne compense guère cet inconvénient par d'autres avantages, n'ait jamais été entièrement dépouillé par les canaux ? Cela vient de ce que toute espèce de transport ne convient pas à toute espèce de marchandise, de ce qu'il y a des matières qui redoutent le voisinage de l'eau, comme il en est d'autres qui l'appellent, de ce que certaines marchandises demandent un déplacement rapide, fût-il plus cher, tandis que pour d'autres un mode de transport plus lent serait encore préférable, même à prix égal. C'est qu'enfin les besoins sont divers, et qu'il faut aussi des moyens divers pour y répondre. Et voilà précisément pourquoi les chemins de fer et les canaux sont loin de s'exclure ; voilà pourquoi ces deux modes de transport peuvent et doivent exister concurremment, lorsque le mouvement des choses et des personnes est assez actif pour les alimenter l'un et l'autre. Voilà pourquoi un pays pourvu d'une population nombreuse et d'un commerce florissant n'est vraiment satisfait que lorsque ces deux agents de la circulation concourent à le servir.

IV. – DES FRAIS ACCESSOIRES.

La supériorité des voies navigables n'est pas moins sensible en ce qui concerne les frais accessoires dont il nous reste à parler. Pour le comprendre, il suffit de considérer les positions. Les voies navigables entrent dans les villes et les parcourent souvent dans leur longueur. On peut même dire qu'il n'y a guère de ville importante qui ne soit assise sur un cours d'eau, fleuve, rivière ou canal, plus ou moins accessible aux bateaux. C'est qu'en effet les voies d'eau appellent les populations sur leurs bords par les avantages de toute nature qu'elles leur offrent ; aussi se trouvent-elles généralement en contact direct avec elles sur une grande partie de leur parcours. Il y a plus : au sein des villes, ce sont en général les établissements industriels d'une certaine importance, et surtout ceux qui ont fréquemment à expédier ou à recevoir des marchandises pesantes, qui affectionnent les bords des voies d'eau et viennent s'y asseoir de préférence. Ils y sont doublement attirés et par le besoin d'avoir à leur portée l'eau, dont ils font ordinairement un grand usage, et par la facilité qu'ils y trouvent pour l'expédition et la réception des marchandises.

Ce qui est vrai dans l'intérieur des villes ne l'est pas moins au dehors. Voulez-vous voir et reconnaître le plus grand nombre possible des établissements industriels d'un pays : suivez les voies d'eau, vous les verrez presque tous assis sur leurs rives. Que s'il en est qui s'en éloignent, c'est que des motifs particuliers et très graves les appellent dans certains endroits déterminés, ou qu'ils ne sont pas de nature à pouvoir être déplacés, comme, par exemple, les mines, qu'il faut bien prendre où elles se trouvent. Ainsi, soit dans les villes, soit au dehors, les voies navigables sont partout en contact direct non-seulement avec les populations groupées sur leurs rives, mais encore et surtout avec les établissements industriels, points de départ ou lieux de destination des gros transports. Le chargement et le déchargement s'effectuent donc, dans le plus grand nombre des cas, à la porte même des usines. De là quels avantages ! Point de transport du lieu de la station au domicile, puisque le bateau même y vient : c'est une économie d'environ 3 francs par -tonne à l'arrivée sur les petits comme sur les longs voyages, une économie à peu près égale au point de départ ; voyez en outre quelle garantie pour le propriétaire, toujours maître de surveiller lui-même, quand il le faut, le déchargement de sa marchandise !

On a compris ces avantages, et il était difficile en effet de n'en être pas frappé ; seulement on a cru qu'ils n'étaient que transitoires, qu'ils dérivaient uniquement de la longue existence des canaux, et que les chemins de fer les partageraient un jour. Avons-nous besoin de dire que c'est encore là une illusion que l'expérience doit dissiper ? On a déjà compris que ce n'est pas uniquement comme moyens de transport que les voies d'eau attirent et les populations et les usines sur leurs rives ; c'est encore comme aqueducs pour les premières, comme réservoirs d'eau pour les autres, et ce sont là des destinations que les chemins de fer n'ont pas, que nous sachions, la prétention de remplir. En mettant même cette considération à part, jamais les chemins de fer ne verront, comme les canaux, les établissements industriels se ranger le long de leurs *francs bords*, par cette raison simple et décisive qu'ils n'ont pas de francs bords, et qu'ils ne sont abordables que dans les stations.

C'est ici un fait en apparence peu important, et dont cependant les conséquences sont graves. Une route ordinaire et un canal ont cela de commun qu'ils sont accessibles sur tous les points de leur parcours. La route a même cet avantage particulier qu'elle étend ses ramifications de toutes parts, à l'intérieur des villes comme au dehors, et qu'elle conduit partout à domicile, pénétrant même au besoin jusqu'au cœur des établissements. Si le canal n'offre pas cette commodité, il est certain du moins que, sauf quelques exceptions assez rares, on peut entrer en communication avec lui en quelque lieu qu'on le rencontre, à moins que les règlements de police ne s'y opposent. Un industriel peut donc établir sa maison, son usine, à portée d'un canal, partout où sa convenance l'exige, assuré qu'il est de jouir partout des avantages que ce voisinage promet. Il n'en est pas de même d'un chemin de fer : il n'est abordable, disons-nous, que dans les stations ; ainsi le veulent la nature de son service et la rigidité de sa structure. De plus, dans les stations même, il n'est pas abordable ouvertement, directement, car c'est encore une des nécessités de son service que ces stations soient closes, ou du moins que les étrangers ne puissent y faire eux-mêmes leurs affaires, et qu'on n'y arrive qu'en passant par la filière des bureaux. Ajoutons que les stations de chemins de fer seront toujours beaucoup plus entourées de cafés, de restaurants pour les voyageurs, ale maisons pour les employés, d'ateliers ou de magasins pour le service de la voie, que d'établissements industriels proprement dits.

Il y a même ici une observation à faire, moins évidente peut-être que celles qui précèdent, et qui demande encore à être confirmée par l'expérience, mais que nous croyons fondée : c'est que jamais les stations de chemin de fer ne se placeront, quoi qu'on fasse, au centre du mouvement industriel. Outre qu'elles y seraient elles-mêmes fort mal à l'aise, avec leurs dépendances ordinaires, avec les nécessités rigoureuses de leur service, elles seraient pour tout leur entourage objet constant de gêne et d'ennui, bien différentes en cela des voies navigables qui, à tous égards, semblent inviter les populations industrielles à fréquenter leurs abords. Elles pourront donc s'approcher, autant qu'elles le voudront, des centres commerciaux ; elles n'y pénétreront jamais. Nous voyons aujourd'hui un grand nombre de villes insister pour que les lignes de fer qui les rencontrent pénètrent dans leur enceinte, et offrir même de payer, par des sacrifices pécuniaires considérables, cet avantage problématique. Telle est, par : exemple, la ville de bille, qui paraît tenir à cette faveur d'une manière particulière, bien qu'elle étouffe déjà dans ses remparts trop étroits, et qu'il ne s'y trouve plus depuis longtemps la moindre place disponible, même pour y bâtir une maison. Si c'est dans l'intérêt des voyageurs que cette ville réclame un tel privilège, nous n'avons rien à dire, sinon qu'elle paierait un peu cher un avantage fort mince ; si c'est, au contraire, dans l'intérêt des marchandises et de leur facile déchargement, nous croyons qu'elle sera doublement trompée dans son calcul. En supposant, en effet, ce qui n'est pas d'ailleurs probable, car bille jouit d'excellents canaux ; en supposant, disons-nous, que la station du chemin de fer dans cette ville devienne le centre d'un mouvement de marchandises considérable, il est à présumer que, tôt ou tard, le chemin de fer, bien que pénétrant dans l'intérieur de la ville, serait forcé d'établir la gare des marchandises au dehors. C'est ainsi que le chemin de Rouen, qui pénètre dans Paris, tient une gare séparée pour les marchandises aux Batignolles.

Quoi qu'il arrive, du reste, à cet égard, un chemin de fer n'a et ne peut avoir qu'une seule gare, et par conséquent un seul point abordable pour un même centre industriel ; c'est là que tout doit aboutir. La station ou la gare d'une voie d'eau se prolonge, au contraire, sur une étendue considérable ; elle est, pour ainsi dire, indéfinie. Voyez seulement Paris, et considérez sur combien de points les bateaux vont aborder. Il en est de même partout. Souvent,, aux abords d'une ville, quand cette ville n'est pas enclose de murs, et qu'elle peut se répandre à volonté dans la campagne, vous voyez se prolonger le long, de la voie navigable une ligne interminable de maisons ou d'usines, qui toutes sont en contact direct avec elle et vivent de ce contact. Est-il raisonnable de supposer qu'il en puisse jamais être ainsi d'un chemin de fer ?

Ces avantages ne sont pas d'ailleurs les seuls. Il en est un, par exemple, dont l'importance peut être sentie beaucoup mieux qu'elle ne s'explique : c'est la liberté de mouvements et d'allures que la voie d'eau permet, liberté qui s'accorde si bien avec les habitudes commerciales, et qu'un chemin de fer exclut parce qu'elle est de tous points incompatible avec la rigueur obligée de son service. C'est en même temps la facilité avec laquelle la voie d'eau se prête à tous les besoins les plus variés. Sans entrer à cet égard dans des détails qui deviendraient trop minutieux et nous mèneraient peut-être un peu loin, nous nous contenterons de transcrire quelques réflexions pleines de sens et de justesse, qui nous ont été communi-quées par un homme pratique. Voici ce que nous écrit sur ce sujet M. P. Tresca, commissionnaire à Dunkerque [10] : « D'une seule marée il rentre à Dunkerque de 40 à 50 navires, comportant 200 à 250 tonneaux chacun. Les 10,000 tonnes que fournissent ces na-vires sont expédiées dans les dix jours qui suivent le commence-ment des déchargements. Outre la difficulté de fournir les 2,500 wagons (en dix jours) pour transporter ces marchandises, resterait l'impossibilité à chaque destination de fournir des magasins assez vastes pour loger une aussi grande quantité de marchandises, tan-dis qu'en expédiant par bélandre bien couverte, la marchandise est logée, le propriétaire n'a nullement à s'en inquiéter. Pendant tout le temps du parcours, il peut chercher à la vendre ; il peut, moyen-nant une indemnité minime de quelques francs par jour, la laisser à bord du bateau même après l'arrivée à destination, tandis que le chemin de fer vous la livre dans les vingt-quatre heures : il le vou-drait, qu'il ne pourrait pas garder votre marchandise ; aussi, en fait de marchandises autres que celles de 'consommation journalière, et à prix égal de transport, les bélandres auront toujours la préfé-rence. Du reste, la part du chemin de fer sera encore assez large pour qu'il puisse se passer des 3/4 du produit des transports par eau. Il aura toutes les marchandises en transit, les objets d'ameu-blement et de mode, les approvisionnements de bouche, les colis de marchands, et enfin les voyageurs, plus un quart environ des grosses marchandises qui s'expédient actuellement par eau. Si avec cela il ne peut pas vivre, ce ne sera pas en faisant la concurrence à la voie d'eau qu'il pourra y arriver. » A ces réflexions si judicieuses et Si précises, nous n'ajouterons qu'une simple observation : c'est que l'auteur de cette note suppose que la ligne de fer et la voie na-vigable lutteraient à prix égal, et c'est dans cette hypothèse qu'il ad-met, avec grande raison selon nous, que cette dernière obtiendrait encore la préférence pour la plus forte partie des grosses marchan-

Charles Coquelin

dises. Or il s'en faut bien que cette hypothèse soit exacte [11], puisque les prix du chemin de fer doivent excéder au moins de moitié ceux de la voie navigable.

V. – CONCLUSION DE CE QUI PRÉCÈDE.

Voilà donc dans quels termes la lutte est engagée entre les chemins de fer et les canaux. En rassemblant les données qui précèdent, on peut facilement pressentir les résultats généraux de cette lutte, aussi bien que les accidents et les péripéties.

Par rapport au coût du transport proprement dit, les voies navigables ont sur les voies rivales une supériorité très décidée, qui est encore augmentée, dans le plus grand nombre des cas, par une différence notable dans le montant des frais accessoires. Si quelque chose vient atténuer dans une certaine mesure cette extrême inégalité, c'est cette circonstance que les chemins de fer ont en général une direction plus droite, et par conséquent un moindre développement entre deux points extrêmes. En prenant plusieurs exemples, nous avons calculé que la différence à cet égard pouvait être en moyenne d'environ un quart : elle est bien loin, comme on le voit, de compenser la différence des prix. Et, par exemple, dans la direction du nord dont nous venons de parler, la voie navigable a 457 kilomètres de développement, tandis que le chemin de fer n'en aura que 320 ; c'est un des cas les plus favorables, ce qui n'empêche pas que le tarif du chemin de fer s'élèvera, comme on a vu, à 32 francs par tonne, tandis que sur la voie navigable il ne s'élève, péage déduit, qu'à 12 francs 50 centimes, qui se réduiraient même à 10 francs 50 centimes, c'est-à-dire à moins du tiers, si la voie était complète.

Mais d'un autre côté, les chemins de fer réunissent sur une même voie deux services, celui des voyageurs et celui des marchandises, et comme ils peuvent, lorsque le premier est assez actif, recouvrer par le seul transport des voyageurs l'intérêt du capital engagé et la dépense de l'entretien de la voie, ils ont la faculté d'exonérer de ces frais les marchandises. Ceci n'est pas, du reste, une exception, c'est la règle ; ce n'est pas une hypothèse, c'est la réalité, au moins pour toutes les entreprises prospères. Rien de semblable pour les canaux. Lors donc que ces derniers sont la propriété de compagnies qui cherchent, comme de raison, leurs bénéfices, ou tout au moins l'intérêt de leurs capitaux, qu'elles ne peuvent obtenir que par le prélèvement d'un péage, il arrive précisément le contraire de ce qu'on a supposé souvent : c'est que la batellerie est obligée de soutenir la lutte avec la surcharge d'un péage dont le chemin de fer est, quant aux marchandises, exempt. Peut-elle la soutenir à ces conditions ? Oui, dans certains cas, mais non toujours, ou plutôt il faut s'entendre.

La question est moins de savoir si la batellerie pourra se soutenir que de savoir si le produit du canal restera suffisant pour indemniser ses propriétaires. Pour la batellerie, le danger n'existe, selon nous, dans aucun cas, et nous croyons qu'on s'est alarmé bien à tort sur ce sujet. Quoi qu'il arrive, la supériorité effective pour le transport lui reste. Que si le péage devient accidentellement trop lourd pour lui permettre de soutenir la lutte à conditions égales, les propriétaires seront toujours forcés de le réduire, sous peine de voir déserter la voie. Il s'agit donc de savoir seulement si ces derniers trouveront dans le péage ainsi réduit une suffisante indemnité. C'est là précisément ce qui dépendra, comme nous l'avons dit, de l'activité de la circulation, et par conséquent des positions. Il semble donc qu'il n'y ait à cet égard aucune règle générale à établir. On peut se demander toutefois si les revenus des canaux pris en masse, et sur un vaste ensemble de constructions du même ordre, resteront encore dans un juste rapport avec le capital engagé. C'est à quoi les faits seuls doivent répondre. Nous sommes heureusement en mesure de les interroger.

C'est en Angleterre surtout que la lutte est engagée dans de semblables conditions, parce que tous les canaux, au nombre de 121, sans compter 83 rivières canalisées, y sont possédés et exploités par des compagnies, et que d'ailleurs il ne s'y trouve plus, à l'heure qu'il est, une seule voie réellement productive qui ne soit en concurrence avec une ligne de fer parallèle. Eh bien ! qu'est-il arrivé de cette lutte ? quels en sont les résultats actuels ? Il est certain que l'établissement des- chemins de fer a considérablement réduit les bénéfices antérieurs des compagnies propriétaires de canaux, en les forçant à baisser le chiffre des péages. Comment serait-il possible qu'il en fût autrement ? « Il est même arrivé, et cela devait être, que, pour quelques-unes de ces compagnies, les bénéfices se sont réduits à rien ; mais, pour un grand nombre d'autres, il se sont maintenus, et, pris en masse, ils sont encore après tout considérables. Il suffit, pour s'en convaincre, de consulter les tableaux présentés par M. Minard, inspecteur divisionnaire des ponts-et-chaussées, dans un ouvrage publié au mois de juin 1844 [12]. Il résulte de ces tableaux que les principaux canaux réunis de l'Angleterre, qui avaient coûté à l'origine 10,367,000 liv. st., valaient en mai 1843, après l'ouverture des railways concurrents, 22,474,600 liv. st., c'est-à-dire deux fois et un quart le capital émis. Il est vrai qu'ils avaient valu 31,366,100 liv. st. avant l'établissement des chemins de fer ; mais qu'importe ? Il nous suffit de savoir que, sous l'action de la concurrence, leur valeur est demeurée fort supérieure au capital primitif. Depuis le mois de mai 1843, époque à laquelle se rapportent les indications fournies par M. Minard, cette valeur, nous le savons, a encore baissé. Supposons-la réduite actuellement à moins du double du capital d'émission, ou même, si l'on veut, à un et trois quarts de ce capital ; ce serait encore à ce seul point de vue une brillante spéculation, spéculation supérieure même par les résultats financiers à celle de l'exploitation des chemins de fer, puisque cette dernière n'a guère donné jusqu'ici que deux tiers en sus du capital émis. Il n'en faut pas tant pour nous prouver qu'en général les canaux portent fort légèrement le poids de leur péage.

Ce résultat obtenu sur un ensemble de canaux anglais est d'autant plus remarquable que plusieurs de ces créations avaient été en tout temps, et bien avant l'établissement des chemins de fer, de fort mauvaises spéculations financières, soit que, lors de la grande ferveur pour la construction de ces voies navigables, après avoir épuisé toutes les bonnes positions, on se soit jeté en désespoir de cause sur les mauvaises, soit que plusieurs de ces travaux aient été entrepris par de riches propriétaires fonciers beaucoup plutôt en vue des avantages -agricoles qui devaient en résulter qu'en vue d'une exploitation commerciale. Ce qui est certain, c'est que dès avant la concurrence des chemins de fer il y avait plusieurs canaux, tels par exemple que ceux de Crinan, de Croydon, de Portsmouth et Arundel, etc., qui ne donnaient que des produits insignifiants et n'avaient presque aucune valeur vénale ; ce qui fait comprendre encore mieux combien fermement se maintiennent ceux qui avaient réellement une valeur. Aussi en est-il qui ont donné et qui donnent encore des produits bien supérieurs à tout ce qu'on a pu obtenir sur les meilleurs chemins de fer connus.

Il est vraiment difficile de comprendre qu'en présence de résultats pareils on vienne nous parler de navigation compromise, de batellerie en désarroi, de circulation interrompue, et qu'on prédise déjà, pour un avenir prochain, la ruine définitive du système. Quand même les canaux, dans leur ensemble, ne donneraient que l'intérêt pur et simple des fonds engagés, disons mieux, quand même ils ne produiraient que la moitié de ces intérêts, ce qui réduirait leur valeur vénale à moins du quart de ce qu'elle est aujourd'hui, il n'y aurait pour cela, qu'on le sache bien, ni batellerie ruinée, ni circulation interrompue : les revenus des canaux seraient faibles, voilà tout, et il résulterait de là seulement qu'on renoncerait désormais à en construire d'autres dans l'unique vue de leur produit commercial. Quant à la batellerie, elle n'en poursuivrait pas moins sa marche régulière, avec cette seule différence qu'elle supporterait un péage moins élevé. Pour que la concurrence des chemins de fer affecte véritablement la batellerie, au moins d'une manière durable ; pour que cette concurrence rende la circulation sur les canaux impossible ou onéreuse à ceux qui l'entreprennent, il ne suffit pas qu'elle s'attaque aux tarifs actuels de la navigation tels qu'ils sont généralement établis en Angleterre avec la surcharge du péage : il faut encore qu'après avoir supprimé tout péage, elle en vienne jusqu'à affecter les prix du transport effectif. C'est alors seulement que les chemins de fer et la batellerie se trouveront pour ainsi dire face à face. Jusque-là, les propriétaires des canaux seront seuls en cause. Eh bien ! dans l'état présent des choses, les chemins de fer sont tellement loin de cette limite, il y a entre leurs prix et ceux de la batellerie une distance si grande, qu'il est presque ridicule de penser qu'ils parviennent jamais à la franchir.

L'unique question, répétons-le, est donc de savoir si, en présence des chemins de fer, les canaux exploités par des compagnies donneront encore à leurs propriétaires un revenu. Eh bien ! malgré d'inévitables inégalités, dont nous avons expliqué la cause, l'affirmative est hautement proclamée en Angleterre par un vaste ensemble de faits, puisque là ce revenu n'est pas seulement suffisant, mais large, élevé, royal. Une valeur plus que double de la valeur primitive, un revenu supérieur encore, toute proportion gardée,

Charles Coquelin

à la valeur vénale, car l'agiotage, qui donne aux actions des chemins de fer une valeur exagérée, agit sur celle des canaux en sens contraire : voilà les résultats actuels. N'est-ce pas là, même au point de vue des compagnies, une brillante opération ? Que sera-ce si l'on considère cette opération à son véritable point de vue, à celui du pays, c'est-à-dire si, outre l'accroissement de valeur commerciale et financière des canaux, on tient compte de l'immense valeur agricole qu'ils ont créée : les marais desséchés, les landes arides fertilisées, le trop plein des eaux enlevé dans la saison des pluies, l'humidité rendue aux campagnes dans les temps de sécheresse, sans compter tant d'autres bienfaits pour les populations ? Tout cela, dira-t-on, est de peu de valeur pour les compagnies qui construisent les canaux et qui les exploitent. Oui, si les actionnaires de ces compagnies sont de simples spéculateurs qui n'engagent leurs fonds qu'en vue du revenu commercial ; aussi pensons-nous que, vu le caractère de ces travaux et la nature des services qu'ils rendent, les canaux doivent être entrepris à d'autres conditions. Supposez qu'ils aient été construits au compte et avec les deniers des propriétaires riverains, ce qui est du reste vrai en Angleterre même dans bien des cas : comprend-on alors les conséquences ? Par le seul fait de l'amélioration de leurs terres, ces propriétaires auront été amplement dédommagés de leurs dépenses, sans parler des agrémens de toute nature et de l'amélioration des conditions sanitaires du pays, dont ils seront les premiers à profiter. Dès-lors, tout ce que les canaux représentent aujourd'hui en capital, tout ce qu'ils produisent comme exploitation commerciale, comme valeur financière, devra être considéré par eux comme un bénéfice net. Qu'on cherche ailleurs dans le monde une plus magnifique spéculation !

Hâtons-nous d'ajouter toutefois qu'une semblable exploitation des voies navigables ne serait ni régulière ni juste. Puisque la construction des canaux profite à la fois à l'agriculture et au commerce, il n'est pas dans l'ordre que le commerce seul en fasse les frais. Que les charges se partagent, puisque l'utilité est double ; que les propriétaires de terres pourvoient à la construction des canaux et le commerce à leur entretien, ou bien que l'état intervienne pour concilier, à l'aide de subventions, ces intérêts divers : voilà ce que la raison et la justice demandent. Aussi le système anglais n'est-il pas, à cet égard, un exemple à suivre. Nous établirons plus clairement cette vérité dans la seconde partie de ce travail, et nous verrons aussi ce que devient la prétendue concurrence des chemins de fer et des voies navigables dans ces nouvelles conditions.

NOTES

1.   Nous devons une mention particulière à l'excellent ouvrage publié par M. Ch. Collignon, ingénieur en chef des ponts-et-chaussées, sous ce titre : Du Concours des Chemins de fer et des Canaux.

2.   Considérations sur les Chemins de fer, par M. J. Cordier, inspecteur divisionnaire des ponts-et-chaussées.

3.   Elle n'est même que de 3 kilomètres à 3 1/4. Aussi la charge qu'un cheval traîne sur un canal est-elle généralement plus forte que celle qui est indiquée sur le tableau.

4.   Discussion, à la chambre des pairs, de la loi relative au rachat des actions de jouissance des canaux.

5.   330,223 tonnes pendant le deuxième trimestre de 1844. (Compte rendu du 20 décembre 1844.)

6.   En comparant ces situations si différentes, on a quelque peine à comprendre l'étrange conception du canal de Givors. Les anciens disaient, en parlant de la bille qui s'appelle aujourd'hui Scutari, que c'était la ville des aveugles, parce que ceux qui la fondèrent, étant arrivés sur les rives du Bosphore, et ayant devant eux l'admirable position où s'élève Constantinople, ne la virent pas, ou la négligèrent, pour aller s'établir, à peu de distance de là, sur un rivage perdu. On pourrait en dire autant de ceux qui entreprirent le canal de Givors. Ils avaient sous les yeux la plus belle position du monde, et se placèrent à côté dans un cul-de-sac. Il est juste de dire pourtant qu'à l'époque où le canal de Givors fut construit, la position n'était pas ce qu'elle est devenue dans la suite, parce que les communications vers l'est, le nord et l'ouest n'étaient pas encore bien établies.

7.   On trouve le détail de ce calcul dans l'ouvrage de M. Collignon.

8.   Ces prix ne comprennent que le transport de station à station ; la remise à domicile est faite, selon la classe à laquelle la

Charles Coquelin

marchandise appartient, à raison de 25, 30 et 35 centimes les 100 kilogrammes, soit 2 fr. 50 cent., 3 fr. et 3 fr. 50 cent. la tonne.

9.	Sur 330,223 tonnes de marchandises transportées dans le deuxième semestre de 1841, on a compté 274,154 tonnes de charbon et coke. La proportion était encore plus considérable dans le semestre correspondant de 1843.

10.	Nous nous étions adressé à M. Tresca pour savoir de lui quel était le résultat actuel de la concurrence que la voie navigable du nord fait depuis quelque temps à la Seine. M. Tresca a eu l'obligeance de nous répondre, en joignant à sa lettre des. réflexions qui nous ont paru trouver ici leur place. M. Tresca est le premier qui ait fait, en 1823 et 1824, des expéditions par eau de Dunkerque sur Paris.

11.	Le transport par eau, de Dunkerque à Paris, coûte actuellement 20 fr. par tonne. Supposons que le chemin de fer du nord puisse effectuer le transport à raison de 10 centimes par kilomètre et par tonne. Ce serait un prix beaucoup plus bas que celui de nos chemins de fer les mieux posés, ceux d'Orléans, de Rouen, de Saint-Étienne. Comme la distance de Paris à Dunkerque, par la voie la plus courte, c'est-à-dire en admettant l'exécution de l'embranchement de Fampoux à Hazehrouck, qui a été voté récemment, sera de 320 kilomètres, le prix du transport d'une station à l'autre serait encore de 32 fr. par tonne.

12.	Des Conséquences du voisinage des chemins de fer et des voies navigables.

Des travaux de canalisation

I – DES VOIES D'EAU EN GÉNÉRAL

Nous avons suivi pas à pas la comparaison entre les chemins de fer et les canaux, en supposant les uns et les autres exploités comme moyens de transport, et dans des conditions égales, par des compagnies financières agissant en vue d'un revenu, et nous sommes arrivé à cette conclusion, fondée sur un vaste ensemble de faits, que, malgré des inégalités inévitables, la lutte, puisqu'on suppose une lutte existante, sans pouvoir jamais être mortelle pour les chemins de fer, qui ont des facultés spéciales, laisserait aux canaux l'avantage qui leur appartient pour le transport des marchandises pesantes. Tel n'est pas cependant le véritable état de la question. C'est d'abord se placer à un point de vue bien étroit que de ne voir dans tout ceci qu'une occasion de rivalités et de luttes. Les chemins de fer et les canaux ont, même comme voies de communication, et malgré quelques points de contact, des propriétés distinctes ; loin de s'exclure, ils s'harmonisent et se complètent. Si d'ailleurs l'on veut à toute force les mettre en présence comme modes de transport rivaux, il n'est pas vrai qu'on doive les placer dans des conditions égales. Que les chemins de fer qui ne servent qu'aux transports couvrent, par le produit des transports, les frais de leur construction et de leur entretien, rien de plus simple, et nous ajouterons rien de plus juste ; mais les canaux, si utiles qu'ils soient comme voies navigables, ont encore un autre caractère plus général, une fonction plus importante et plus haute, et qui appelle un régime tout différent. C'est ce que nous allons essayer d'établir, et nous insisterons d'autant plus sur cette vérité importante, qu'elle a été plus outrageusement méconnue.

Les canaux sont les prolongements des rivières ; pour mieux dire, ce sont des rivières artificielles, souvent plus utiles d'ailleurs que les autres, parce qu'elles sont plus régulières dans leur tenue d'eau et dans leur cours. Il semble donc que, pour faire bien comprendre l'importance des canaux, il suffirait de demander si l'on croit à l'utilité des rivières, ou en général des voies d'eau. Sur une telle question, l'hésitation n'est guère permise ; pourquoi donc refuser aux rivières creusées de main d'homme la valeur que l'on accorde aux autres ? Parce que ces voies d'eau sont devenues utiles à la navigation, il semble qu'on en ait oublié peu à peu la destination primitive. On ne les désigne plus que sous le nom de voies navigables, et ce nom, qui ne devrait rappeler qu'un service de plus ajouté à tant d'autres, est devenu, ou peu s'en faut, un titre de proscription. Il faudrait se souvenir pourtant qu'en laissant à part l'intérêt de la navigation, qui est aussi respectable, les voies d'eau, de quelque nature qu'elles soient, répondent encore à de pressants besoins.

Tout ce grand appareil hydraulique qui couvre la surface de la terre, et qui se compose d'abord des fleuves, des rivières et des ruisseaux, quelque usage que l'homme en fasse, est avant tout nécessaire, on le comprend, pour répandre sur le sol la fécondité et la vie. Tel en est, s'il est permis de le dire, l'emploi primitif. Avant d'être des voies navigables, les cours d'eau sont des aqueducs pour les hommes et les animaux qu'ils abreuvent, et des moyens d'irrigation pour les campagnes, où ils entretiennent l'humidité, condition nécessaire de la fécondité. S'ils sont utiles en ce qu'ils répandent sur la surface du sol les eaux, source de vie, ils ne le sont pas moins d'ailleurs en ce qu'ils en enlèvent, dans certains cas, le superflu.

Qu'on se représente un instant la terre privée tout à coup de ses voies d'eau, et qu'on se demande jusqu'à quel point elle resterait habitable. Sans doute les puits creusés de main d'homme ou les eaux pluviales convenablement aménagées satisferaient encore à de nombreux besoins ; qui ne voit pourtant combien ces ressources seraient, pour les hommes même, ou précaires ou chétives ? Et quelle serait d'ailleurs, dans un tel état de choses, la condition du sol ? Il y perdrait son plus bel ornement, sa plus riche parure, ses produits les plus savoureux, les plus féconds. Plus de ces vallées riantes, toujours fraîches, toujours humides ; plus de gras pâturages, ni aucune de ces cultures plantureuses dont l'élément liquide est le premier besoin. Tout au plus y trouverait-on encore de bonnes terres arables, pour lesquelles, à toute rigueur, l'eau du ciel suffit. Encore n'est-ce là qu'une vue incomplète, et, pour se faire une juste idée de cet état de choses, il faudrait se représenter, à côté du mal causé par l'absence des eaux, les désordres causés dans d'autres cas par leur surabondance. Privées des moyens d'écoulement que les ruisseaux ou les rivières leur procurent, que deviendraient les eaux pluviales dans la saison où le ciel les verse en abondance, et quelquefois par torrents ? Elles s'amasseraient dans les plaines basses, et surtout dans les bas-fonds. Ici elles formeraient des mares que le soleil dissiperait peut-être en été, mais toujours trop tard pour la culture ; ailleurs elles créeraient, en s'accumulant dans une mesure plus forte, des lacs ou des marais permanents, sous lesquels disparaîtrait la terre cultivable, ou qui empesteraient l'air par leurs perfides émanations. Voilà donc quel serait au vrai l'aspect de la terre : ici des plaines arides et nues, là des lacs inutiles ou des marais fangeux ; nulle part un sol rendu favorable par la distribution régulière et le juste équilibre des eaux. Ménager cette distribution, établir cet équilibre, telle est donc la fonction primitive, essentielle, de toutes ces coupures hydrauliques qui, sous un nom quelconque, sillonnent le sol.

La nature, dira-t-on, y a pourvu, et c'est aux voies d'eau naturelles que tout ceci s'applique. Oui, la nature y a pourvu ; mais est-il nécessaire d'avoir étudié de bien près, et la configuration du sol, et les accidents dont il est semé, et le mouvement des eaux qui s'agitent à sa surface, pour reconnaître que la nature a laissé son œuvre, comme toujours, à l'état de grande et magnifique ébauche, qu'elle n'a pourvu à la distribution des eaux que d'une manière irrégulière et incomplète, qu'il se trouve dans le système hydraulique dont elle a gratifié la terre des imperfections et des lacunes ? Eh bien ! combler ces lacunes, corriger ces imperfections, prévenir les désordres qui en sont la suite, étendre enfin les bienfaits de la nature, achever, perfectionner son ouvre, voilà ce qui reste à faire à l'homme. Tel est ou doit être, même avant toute idée de navigation, le but essentiel de tous les travaux de canalisation qu'il entreprend.

Et d'abord les voies d'eau naturelles, fleuves ou rivières, n'ont pas généralement un cours réglé ni une tenue d'eau constante. Elles débordent souvent en hiver, et désolent leurs rives qu'elles devraient féconder. En été, elles tarissent à demi, ne présentant plus, au lieu de ce lit plein et bien nourri que la terre desséchée réclame, que des sables nus et désolés ou des plages boueuses sur lesquelles se traînent péniblement de maigres flets d'une eau infecte. Il y a donc ici déjà pour l'homme un double travail à faire : d'une part, prévenir les ravages que ces eaux causent dans la saison où elles abondent, en les contenant dans leur lit ; de l'autre, les ménager, les élever, les emmagasiner, pour ainsi dire, dans la saison où elles tarissent, en prévenant leur trop rapide écoulement. Pour remplir convenablement ce double objet, il ne faut guère moins, outre l'endiguement des rivières, que leur canalisation complète.

Ce n'est pas tout. En dehors de l'action des voies d'eau naturelles, et dans les parties du sol qu'elles ne traversent pas, n'existe-t-il donc aucun des inconvénients, aucun des désordres que nous venons de rappeler ? N'y a-t-il pas des plaines arides qu'elles pourraient féconder ? N'y a-t-il pas ailleurs des eaux stagnantes qu'elles devraient emporter dans leur cours ? Eh bien ! pourquoi des rivières artificielles ne viendraient-elles pas suppléer à l'insuffisance des autres, partout où les circonstances locales l'exigent, partout où la configuration du sol le permet ? S'il est vrai que les cours d'eau naturels soient utiles, les canaux ne le sont pas moins, et aux mêmes titres. Ils le sont peut-être davantage, parce que la direction qu'ils prennent, au lieu d'être déterminée par une puissance aveugle, l'est toujours ou doit l'être avec intelligence et avec choix. Si l'on admet enfin que sans la présence des rivières la terre serait à peine habitable pour l'homme, on peut dire avec toute autorité et toute raison que le prolongement ou la multiplication des rivières par les canaux agrandit le domaine de l'homme en même temps qu'il l'embellit.

Voilà donc et la canalisation des rivières et la construction des canaux proprement dits motivées et justifiées, en dehors de toute idée de navigation, par les seuls besoins de la terre et des hommes. Que maintenant la navigation profite de ces travaux exécutés à d'autres fins, n'est-il pas vrai que les services qu'elle en retire sont en principe gratuits ? Ainsi se justifie ce que nous avons dit en commençant, qu'en principe le péage n'est pas dû sur les voies navigables. Il convient pourtant de rendre cette vérité plus sensible, en montrant que les exigences de la navigation et de la culture sont à fort peu de chose près les mêmes dans tous les cas.

II. - DE LA CANALISATION DES RIVIÈRES.

L'amélioration d'une rivière admet ordinairement trois séries de travaux, qui sont comme trois degrés successifs conduisant à une canalisation complète. Le premier est l'endiguement, qui tend à resserrer la rivière, à l'emprisonner dans son lit, dont elle est quelquefois sujette à sortir. Le second est l'établissement de barrages destinés à élever le niveau de l'eau, de manière à en conserver un certain volume en toute saison. Le troisième enfin, c'est l'établissement, à côté de chaque barrage, d'une sorte de canal latéral, ou plutôt d'un passage garni d'écluses mobiles, qui permette de franchir l'obstacle que les barrages opposent à la circulation.

L'utilité de l'endiguement de certaines rivières sujettes à inonder leurs bords est tellement évidente, qu'il suffit de la signaler en passant. L'établissement des barrages est d'un autre ordre. Il ne s'agit plus d'empêcher les ravages que les eaux causent par leur surabondance, mais au contraire d'en prévenir l'épuisement. Maintenir un niveau constant, et tel que les campagnes environnantes, aussi bien que les populations riveraines, soient suffisamment abreuvées en toute saison, tel est l'objet de l'établissement des barrages. C'est assez pour en expliquer l'utilité, qui est, du reste, double. Les barrages ont cela de particulier qu'ils engendrent des chutes converties en forces motrices à l'usage des établissements industriels. Toutefois les services qu'ils rendent ne sont pas sans troubles, et s'ils ont le mérite de maintenir les eaux à un niveau convenable, ils ont aussi le tort grave d'en empêcher, dans les temps de crue, le libre écoulement. Aussi, quand il s'agit d'une rivière de quelque importance, on ne comprend guère l'établissement d'un barrage sans l'accompagnement d'un passage latéral régulièrement organisé. Ce n'est pas seulement pour la circulation des bateaux que ce passage est nécessaire ; il l'est au moins autant pour la sécurité des populations riveraines. Ce n'est donc guère que sur des ruisseaux, sur de petites rivières, que l'on souffre l'établissement des barrages sans cet accompagnement nécessaire, et alors même c'est un mal. Non pas qu'il n'existe toujours, à côté de chaque usine faisant usage d'un moteur hydraulique, un canal de décharge par où les eaux s'échappent quand on cesse de les appeler sur la roue, mais ce canal ne suffit jamais pour prévenir tous les désordres. De l'établissement de ces sortes de barrages les campagnes profitent sans aucun doute, puisqu'ils leur assurent, même en été, un volume d'eau satisfaisant, et l'on peut dire que c'est en général le long de ces ruisseaux barrés qu'on trouve les terres les plus fertiles ; mais le mal est alors à côté du bien. Les inondations sont fréquentes ;

Charles Coquelin

après avoir fertilisé les plaines ou les vallées qu'ils traversent, ces ruisseaux les ravagent ; ils détruisent souvent ce qu'ils ont créé. C'est en ce sens qu'on peut dire que des barrages établis dans ces conditions ne sont guère utiles qu'aux établissements industriels qui viennent y chercher des chutes.

Veut-on connaître le bien sans mélange, il faut admettre une canalisation complète ; ce qui comporte à la fois l'établissement de digues, de barrages et de passages latéraux garnis d'écluses. C'est ce que demande la navigation, mais c'est aussi ce que demandent les terres et les populations riveraines. Pour la navigation, les digues procurent d'excellents chemins de halage ; les barrages lui assurent une tenue d'eau suffisante en toute saison, et les passages latéraux facilitent la circulation des bateaux que des barrages inflexibles eussent arrêtés. Est-il besoin de montrer que les populations et les terres obtiennent des mêmes travaux des avantages correspondants ? Seulement les terres demandent quelque chose de plus ; il faut que les digues offrent de distance en distance des percées régulières, par où l'on puisse à volonté appeler l'eau dans les campagnes voisines, car, s'il est bon que ces campagnes soient préservées des inondations des rivières, il ne l'est pas qu'elles soient privées du bienfait de leurs irrigations. A côté de l'intérêt de la navigation et de celui de la culture est toujours l'intérêt non moins recommandable de l'industrie, qui trouve à chaque barrage, et dans la chute qu'il engendre, une force motrice à bon marché.

Quand on considère attentivement les avantages de toute nature qui découlent du simple fait de la canalisation d'une rivière, on ne comprend guère qu'il y ait pour un pays un travail plus utile, une entreprise plus féconde, plus digne à tous égards d'éveiller la sollicitude de ceux qui le gouvernent, et l'on veut mal au peuple assez peu soucieux de ses intérêts pour négliger de tels travaux. Est-il besoin de montrer que ce tort nous appartient ? Il s'est fait peu de chose en France pour atteindre en général ce grand et digne objet de la distribution régulière des eaux sur la surface du sol, et en particulier pour l'amélioration de nos rivières. Si quelques-unes sont dans un état convenable, combien d'autres qui roulent à travers le territoire avec toutes les inégalités, tous les désordres de l'état sauvage ! Faut-il le dire, la plupart de nos voies d'eau naturelles ont été plutôt gâtées qu'améliorées par les travaux d'art exécutés le long de leur cours. Qui le croirait, si ce fait n'était pas attesté par des témoignages irrécusables ? nos rivières sont en général moins navigables qu'elles ne l'étaient du temps des Romains. Combien de fois aussi n'a-t-on pas fait cette autre remarque, que les inondations sont devenues plus fréquentes et plus terribles ! Sans vouloir rapporter à une seule cause ce qui dérive sans doute de plusieurs, signalons ici en passant la funeste influence de la plupart de nos ponts. Tous ces ponts, avec leurs arches étroites, engendrent des courants rapides que les bateaux franchissent difficilement à la remonte, et qui ne sont pas sans dangers à la descente. En outre, l'existence même des courants prouve que l'écoulement de l'eau n'y est pas libre ; de là des engorgements à la moindre crue, et par suite des inondations. Qu'on examine si les ponts en pierre qui traversent la Seine dans Paris ne sont pas tous plus ou moins dans ce cas : obstacles pour la navigation, sources d'inconvénients et de dangers pour les populations riveraines. Il en est d'autres pourtant auxquels cette double observation s'applique encore mieux. Qui ne sait, par exemple, que le pont de la Mulatière, au confluent de la Saône et du Rhône, celui que le chemin de fer de Saint-Étienne traverse pour entrer dans la presqu'île de Perrache, a été la principale, sinon l'unique cause des terribles inondations qui ont désolé la vallée de la Saône et Lyon [1] ? Tout le monde connaît aussi, au moins de nom, le fameux pont Saint-Esprit, sur le Rhône, ce pont dont la célébrité est égale à celle des plus redoutables écueils de l'Océan. C'est ainsi que des travaux d'art mal entendus, au lieu d'augmenter les avantages naturels que nos voies d'eau nous procurent, les ont plutôt amoindris. Et il est remarquable que les mêmes erreurs, les mêmes fautes qui nuisent à la navigation, causent aux propriétés riveraines un tort semblable, tant il est vrai qu'à tous égards ces intérêts sont solidaires.

Il y a du reste dans notre système hydraulique un autre vice plus grave, et qu'il est malheureusement plus difficile de corriger : c'est l'étrange partage qui s'est fait entre nos simples ruisseaux et nos rivières. Dès longtemps on a établi en France une distinction profonde entre les cours d'eau navigables ou flottables et ceux qui ne le sont pas, distinction fausse, selon nous, car il n'y a si petit cours d'eau qui, pourvu que l'alimentation en soit régulière et constante, ne puisse devenir parfaitement navigable à l'aide de barrages bien établis. Combien de ces cours soi-disant innavigables

Charles Coquelin

qui charrient un volume d'eau suffisant pour entretenir à la fois plusieurs canaux ! Qu'on jette par exemple les yeux sur l'Aa, dans la partie qui précède Saint-Omer, sur l'Essonne, qui se décharge dans la Seine à Corbeil, sur l'Huisne, qui se jette dans la Sarthe près du Mans, sur la Nive [2], qui se jette dans l'Adour à Bayonne. Par une conséquence plus ou moins juste de cette distinction abusive, on a décidé que les cours d'eau navigables ou flottables seraient réservés comme propriété de l'état, pendant que les autres seraient abandonnés aux propriétaires des terres qu'ils traversent. Qu'est-il arrivé ? D'une part, l'état, avec cette suprême négligence qui lui est propre, a laissé les belles voies d'eau qui lui appartiennent en souffrance, autorisant seulement çà et là, sans trop y prendre garde, des travaux mal conçus, qui en aggravent tous les désordres. Et quant aux propriétaires des cours d'eau réputés non navigables, ne pouvant, isolés qu'ils sont et privés de moyens réguliers de s'entendre, entreprendre ou exécuter aucun travail d'ensemble, ils se sont contentés de barrer, chacun pour son compte, la partie du ruisseau qui leur appartient, de manière à créer une chute d'eau pour leur usage. De là un double mal. D'abord, c'est en général sur des ruisseaux de ce genre que sont établies celles de nos usines qui se servent de moteurs hydrauliques, inconvénient grave, dont notre régime industriel se ressent. Qui ne voit en effet que ces usines sont là hors de leur place, hors de leur sphère, perdues qu'elles sont sur des ruisseaux solitaires, loin des centres d'activité et des moyens réguliers de communication ? Dans un pays tel que la France, où le charbon est rare et cher, où il était encore, il y a quelques années, plus rare et plus cher qu'il ne l'est aujourd'hui, la force hydraulique est précieuse, tout le monde le sent : or, les grands cours d'eau qui appartiennent à l'état étant négligés par lui, n'étant ni canalisés ni réglés, et n'offrant par conséquent aucune force disponible, il était inévitable que nos industriels allassent, en désespoir de cause, chercher cette force où ils la trouvaient, sur des ruisseaux. Il n'en est pas moins vrai qu'ils y paient généralement un peu cher, par leur isolement et par l'absence de toutes communications régulières, les moteurs hydrauliques dont ils jouissent. D'un autre côté, quels désordres ! Barrés sans rémission et sans la précaution nécessaire de l'établissement d'un canal latéral, ces ruisseaux sont devenus sujets à grossir, à s'enfler par moments, à l'instar des plus grands fleuves. Les industriels, causes innocentes de ces débordements, en souffrent les premiers ; mais quel remède peuvent-ils appliquer au mal dans leur isolement ? D'une part donc la négligence de l'état, de l'autre l'isolement des intérêts privés, ont préparé sur notre territoire un régime sans nom, dans lequel, à certaines époques, ruisseaux, rivières, fleuves, tout déborde à l'envi. C'est ainsi qu'au XIXe siècle, dans un pays civilisé, au sein de cette belle France que l'on renomme, nous assistons périodiquement au spectacle du déchaînement général des eaux.

Opposons à ce tableau, malheureusement trop vrai, celui qu'aurait produit sur notre sol l'application active et vigilante d'un système mieux entendu. On aurait déclaré canalisable en principe, et on aurait canalisé en effet non-seulement toute rivière, flottable ou non, mais encore tout ruisseau assez abondant pour alimenter régulièrement un canal, à moins qu'on ne rencontrât dans la configuration du sol des obstacles décidément insurmontables, et ce n'est guère que dans les pays de montagnes qu'il en existe de tels. La navigation en aurait profité sans aucun doute et largement. Les bateaux auraient pénétré dans tous les recoins du territoire, allant chercher partout où les denrées du sol ou les produits des mines et des carrières, y répandant au retour ou les produits de l'industrie ou les engrais propres à féconder les champs. Et quelle immense activité n'aurait-on pas vu se déployer sur les principales rivières, enrichies à la fois des produits créés sur leurs rives et des tributs de leurs nombreux affluents ! Avant tout cependant, c'est à l'agriculture, c'est à la fécondation du sol que ce système eût profité, puisque de toutes parts et sur tous les cours d'eau, grands ou petits, les barrages eussent ménagé en tout temps la tenue d'eau la plus favorable aux terres, sans que, grâce aux passages latéraux garnis d'écluses, cet avantage fût acheté par des inondations. Sans interdire formellement sur les ruisseaux de peu d'importance l'établissement des usines à moteurs hydrauliques, on ne l'aurait autorisé, là comme partout, qu'avec certaines réserves, c'est-à-dire qu'après avoir pourvu à l'alimentation régulière du canal, on aurait utilisé, s'il y avait lieu, une partie de la puissance des chutes pour élever l'eau sur les plateaux voisins, de manière à étendre au loin le bienfait de ces irrigations, en ne laissant aux usines que ce qui resterait de force disponible après la juste satisfaction de ces besoins. Il ré-

Charles Coquelin

sulterait de là qu'à la différence de ce qui se voit aujourd'hui, c'est sur les cours d'eau de quelque importance, sur les rivières plutôt que sur les ruisseaux, que les usines seraient établies, puisque c'est là surtout qu'elles auraient trouvé dans les chutes un excédant de force suffisant pour leur usage. Est-il besoin d'ajouter que c'est là leur véritable place, celle que leur propre intérêt leur assigne, et qu'elles adopteraient toujours de préférence s'il leur était permis de choisir, puisque c'est là seulement qu'elles peuvent trouver dans l'activité qui les entoure, dans les communications par terre et par eau dont elles sont en possession, la satisfaction immédiate de leurs besoins ?

Si un tel système avait prévalu en France ; si d'ailleurs il était passé du principe à l'application, c'est alors qu'il eût été vrai de dire sans restriction que tout le mouvement industriel, aussi bien que le mouvement commercial du pays, est indissolublement lié au parcours des voies navigables. Nous avons fait remarquer ailleurs que les chemins de fer n'ont pas, pour attirer les établissements industriels et les populations sur leur parcours, la même puissance que les voies d'eau, et cela est évident, même dans l'état actuel de la Francc ; mais combien cette vérité ne serait-elle pas plus frappante, si les voies d'eau étaient ce qu'elles doivent être ! Comment se pourrait-il, par exemple, qu'un chemin de fer conduit à travers les plaines de la Picardie détournât l'activité qui règne sur la Somme entre Amiens et Abbeville, alors que cette rivière, par les onze bras qu'elle projette dans Amiens, et qui sont autant de moteurs puissants, par les chutes d'eau qu'elle alimente encore tout le long de son cours, parles riches cultures qu'elle entretient dans la vallée, par les magnifiques tourbières qu'elle y a formées de ses dépôts, crée, pour ainsi dire, elle-même les trois quarts des produits qu'elle transporte ? Supposons la Seine canalisée ; il n'y a pas un seul des barrages établis sur son parcours qui ne permît le creusement de dix ou quinze ruisseaux artificiels, détachés du bief supérieur, et qui animeraient autant de belles usines [3] : c'est-à-dire que chacun de ces barrages enfanterait, sur une moindre échelle sans doute, et sauf le privilège de l'antériorité, qui est toujours considérable, un autre Amiens. Ajoutez que toutes ces branches détachées du tronc de la rivière, bien que créées par des particuliers dans l'unique intérêt des établissements industriels, n'en seraient pas moins, en tant qu'elles traverseraient les champs, d'excellents conduits d'irrigation. Est-il possible encore une fois qu'un chemin de fer traversant les plaines détourne la moindre partie d'une activité fondée sur de semblables éléments ?

III. — DES CANAUX.

Si les canaux proprement dits ne peuvent se comparer aux rivières canalisées, en ce que la puissance fécondante en est moindre, et qu'ils ne créent pas de chutes, l'utilité en est en général supérieure à celle des rivières abandonnées à leur libre cours. La tenue d'eau y étant plus régulière et plus constante, ils humectent en tout temps les terres voisines et ne les ravagent jamais. Comme ils traversent d'ailleurs plus ordinairement les plaines que les vallées, il n'est pas nécessaire qu'une force hydraulique en élève les eaux, déjà placées au niveau où elles doivent être. Pour qu'ils étendent au loin le bienfait des irrigations, il suffit que l'alimentation en soit suffisante, et que l'administration permette en conséquence, au profit des propriétaires voisins, l'établissement de conduits particuliers et de prises d'eau. Quand cette hypothèse se réalise, l'humble canal acquiert une vertu fécondante égale à celle des plus puissantes rivières. Il fertilise toute la plaine qu'il traverse ; il suffit à lui seul pour changer la face d'une contrée.

C'est mieux encore lorsqu'un canal traverse des terres basses exposées dans certaines saisons au séjour prolongé des eaux. Alors l'utilité en est double ; il devient à la fois canal d'irrigation et canal d'épuisement. Sans laisser, en effet, d'entretenir sur ces terres une humidité toujours précieuse dans les temps de sécheresse, il en enlève en d'autres temps le superflu, rendant ainsi ou retirant tour à tour l'eau, selon qu'elle s'épuise ou qu'elle abonde ; également utile dans l'un et l'autre emploi. Que sera-ce si l'on considère les cas particuliers, mais non pas rares, où un canal emporte dans son passage les eaux stagnantes des marais ! Ce n'est plus alors une conquête relative qu'il opère, en augmentant les facultés productives du sol cultivable ; c'est une conquête absolue, puisqu'il livre à la culture des terres qui se dérobaient à son action, sans compter qu'avec les eaux stagnantes des marais, il emporte aussi les miasmes pestilentiels et les maladies dont ils sont l'inévitable

Charles Coquelin

source. Souvent la construction d'un canal est le meilleur, l'unique moyen d'assainir une contrée, et cette seule considération suffit pour en justifier l'établissement, sans aucun égard même pour tous les autres avantages qu'il procure. Combien de pays neufs, où les maladies engendrées par la terre, bien plus que le climat, déciment les hommes ! Combien d'autres qui dévorent en peu de temps toutes les populations qu'on leur envoie ! Veut-on les rendre habitables, qu'on y construise des canaux. Et croit-on par hasard qu'il existe beaucoup de pays en Europe qui, dans une mesure quelconque, n'aient encore besoin d'un tel secours ?

Sans nous appesantir sur les services si nombreux et si divers que les canaux peuvent rendre, considérons-les seulement par rapport à la France comme moyens d'irrigation, puisque c'est là leur caractère le plus général, et arrêtons-nous un instant sur cette donnée.

Il n'y a pas un seul canal régulier, de quelque façon qu'on le dirige, dans quelque intention qu'il soit construit, qui ne devienne forcément pour les terres riveraines un moyen d'irrigation dont l'énergie est proportionnée à la richesse de l'alimentation et à l'abondance des eaux. Pour que le canal arrose une campagne, il suffit en effet qu'il la traverse. C'est bien à tort qu'on a voulu à cet égard établir des catégories, faire des distinctions, séparer les canaux d'irrigation des canaux navigables : ces distinctions sont purement imaginaires. Tout récemment, quand il a été question dans quelques écrits, et même au sein des chambres, des travaux de canalisation actuellement entrepris par la Belgique, le canal de la Campine ayant été nommé entre plusieurs autres, on a prétendu que ce n'était pas là un travail du même genre que les autres ; que ce n'était pas une voie navigable, mais un canal d'irrigation destiné à porter les eaux de la Meuse dans les plaines arides de la Campine. Que le canal de la Campine soit un canal d'irrigation, nous le croyons sans peine ; qu'il ait été plus particulièrement conçu et exécuté dans l'intention d'améliorer la culture de ces campagnes infertiles, c'est possible ; mais qu'importe ? en est-il moins navigable pour cela ? Si le canal de la Campine a été particulièrement construit en vue de l'irrigation, ceux qui avoisinent le littoral de la mer en Belgique ont été construits presque tous pour dégager le pays des eaux surabondantes et les déverser dans la mer. En sont-ils moins pour cela des voies très navigables ? en sont-ils moins de puissants moyens d'irrigation pour les campagnes voisines, et, de plus, d'excellents aqueducs pour les populations ? En France, dans l'arrondissement de Dunkerque, le plus riche de tous en canaux, il n'y en a pas un seul qui n'ait eu pour objet primitif, comme ceux du littoral de Belgique, le dégorgement des eaux surabondantes dans la mer. Telle en est encore aujourd'hui la fonction essentielle, et, quoiqu'ils soient en grand nombre, ils ne suffisent pas toujours à la remplir. Est-ce à dire qu'ils laissent pour cela de rendre les mêmes services que des canaux construits à d'autres fins ? Le canal de l'Ourcq est avant tout un aqueduc, puisqu'il a eu pour objet primitif d'amener de l'eau pour l'approvisionnement de Paris cesse-t-il pour cela d'arroser les terres qu'il traverse ? En est-il moins navigable ? C'est qu'en effet toutes les fonctions des canaux se lient d'une manière étroite, et, quelle que soit la pensée qui en ait motivé la construction, ils rendent toujours les mêmes services.

Il n'y a guère à cela qu'une exception : c'est le cas où un canal passe dans la terre, sous une voûte ou bien à une profondeur considérable. Il semble qu'alors l'unique emploi qui lui reste soit de transporter les bateaux. Il n'en serait pas de même s'il passait au-dessus de la terre, porté sur un aqueduc à une certaine élévation ; dans ce cas même, en effet, si l'alimentation en était suffisante, il ne cesserait pas de féconder les terres riveraines, soit à l'aide de conduits d'eau qui s'en détacheraient, ou seulement par des infiltrations. C'est donc uniquement lorsqu'il passe dans les profondeurs de la terre que le canal est exclusivement une voie navigable ; mais ces cas sont rares ; ce sont des exceptions qui ne se rencontrent même que pour des fractions minimes, et qui ne détruisent pas l'utilité générale de l'ouvrage. Tel est, par exemple, le canal de Saint-Quentin, qui passe sous une voûte dans une partie de son parcours ; ce qui n'empêche pas qu'il ne soit ailleurs un auxiliaire utile de la culture. Le voyageur qui se dirige sur Cambrai le reconnaît de loin aux arbres plus élancés, à la verdure plus fraîche, aux riantes maisons et aux belles usines qui en couronnent les bords.

Il faut reconnaître après tout que les canaux n'ont, à cet égard, qu'une puissance d'emprunt. Les eaux qu'ils répandent dans les campagnes, ils les reçoivent des rivières ou des ruisseaux. Aussi l'existence de ces voies artificielles est-elle subordonnée à celle des cours d'eau naturels, dont elles sont une dépendance. De là vient

Charles Coquelin

qu'en bonne logique la canalisation des ruisseaux, et surtout des rivières, doit précéder la construction des canaux proprement dits. Sans cette précaution nécessaire, l'ouverture de ces derniers serait même souvent impossible ; du moins trouverait-on plus difficilement et plus rarement des eaux suffisantes pour les alimenter. Cela dit, nous demanderons s'il existe un autre système meilleur, plus régulier, plus efficace, pour répandre dans les campagnes le superflu des eaux que les cours naturels fournissent.

Nous avons admis tout à l'heure que, les rivières une fois canalisées, on trouverait à chacun de leurs barrages une force suffisante pour élever les eaux sur les plateaux voisins ; mais comment y répandre ces eaux sans en laisser perdre la vertu fécondante, et surtout sans bouleverser les moissons ? Ce ne sera pas à coup sûr en les versant brutalement à travers les champs ensemencés ; elles emporteraient avec elles ou les moissons, ou les semences ; au lieu de fertiliser les campagnes, elles les ravageraient. Sera-ce au moins par des coupures ? Oui, mais à certaines conditions. Et d'abord ces coupures seront fixes et non sujettes à se déplacer à volonté ; autrement, elles porteraient dans les champs l'anarchie et le désordre, et les eaux seraient bientôt l'objet d'un gaspillage affreux. De plus, ces coupures auront une pente, afin que le liquide se porte en avant ; et toutefois cette pente sera régulière et douce, autrement on y verrait l'eau se précipiter en torrents, sans laisser presque aucune trace de son passage. Ce n'est pas même assez ; si douces que fussent ces pentes, l'eau s'écoulerait encore trop vite ; elle n'aurait pas le temps d'humecter la terre ; elle produirait à peine quelques fruits. Il faudrait donc encore des moyens de la retenir, de la ménager, de la parquer pour ainsi dire, afin de lui faire produire, dans son passage, tous ses résultats utiles, c'est-à-dire qu'il faudrait la soutenir par des barrages. Qui ne voit enfin qu'il ne pourrait être question d'établir ici des barrages fixes, puisqu'alors l'eau deviendrait stagnante et se corromprait par un séjour trop prolongé, mais des barrages mobiles qui permettraient de renouveler le liquide régulièrement en temps utile ? Or, nous ne connaissons pas pour cet objet de meilleurs barrages mobiles que les écluses. C'est dire assez que ces coupures, pour remplir convenablement l'objet proposé, devraient encore réunir toutes les conditions des canaux. Elles les rappelleraient d'autant mieux qu'une administration prévoyante devrait, pour s'épargner les travaux et les soins, procéder par grandes coupures, suffisamment larges et profondes pour contenir un notable volume d'eau, sauf à accorder aux propriétaires riverains, dans une certaine mesure et avec quelques réserves, la faculté d'en détacher, chacun pour son usage, de faibles filets. C'est ainsi que, n'eût-on eu vue que le seul intérêt de la culture, c'est encore par l'établissement de véritables canaux qu'il faudrait procéder.

Ce n'est pas qu'à la rigueur l'irrigation des terres ne puisse être faite à d'autres conditions, et nous en connaissons quelques exemples ; mais on peut affirmer hautement que tout autre système, outre les désordres qu'il fait naître, exige, pour donner des résultats équivalents, une dépense d'eau incomparablement plus forte. Pour s'en convaincre, il suffirait de considérer, par exemple, ce qui se passe dans une certaine partie de la Limagne d'Auvergne, vers Riom et Clermont. Là plusieurs ruisseaux qui descendent des montagnes, ou qui jaillissent des sources, servent tour à tour à faire mouvoir des roues hydrauliques et à arroser les prés. Pour remplir ce dernier objet, on y a établi d'ancienne date un mode de distribution assez ingénieux, quoique relativement barbare. A certains moments prévus, le cours du ruisseau est barré, alors s'ouvrent de petites vannes latérales par où l'eau s'échappe dans les prés. Bien qu'elle y coule généralement par des rigoles, que chaque propriétaire y a pratiquées pour cet usage, on a soin qu'elle déborde pour que son effet s'étende ; souvent même elle coule en larges nappes, c'est une véritable inondation. Après un certain parcours, elle est ramenée plus bas vers le ruisseau qui l'a produite. L'action de cette eau étant intermittente, il faut qu'elle coule longtemps, par exemple toute une nuit, pour produire son effet utile, et, comme la course en est rapide, on peut imaginer combien il s'en dépense dans cet intervalle de temps. Inutile de dire qu'en dépit des précautions qu'on peut prendre, les chemins vicinaux souffrent d'un tel déchaînement des eaux, et que ce ne sont pas là les seuls désordres qui s'ensuivent. Nul doute qu'après tout ce système d'irrigation ne produise d'excellents effets. Il convertit les terres riveraines des ruisseaux, terres qui sont d'ailleurs naturellement fertiles, en prés magnifiques et d'un admirable rapport ; mais aussi quelle effrayante consommation de ce précieux liquide que la France a tant d'intérêt à ménager ! Si l'on comparait ce mode d'irrigation à celui qui est produit, par exemple, dans l'arrondissement de Dunkerque [4] par des canaux régulièrement aménagés, on trouverait que ceux-ci donnent, avec moins de désordre et une dépense d'eau qui est peut-être dix, quinze ou vingt fois moins forte, des résultats incomparablement plus étendus. Ces résultats sont aussi plus variés, car les ruisseaux d'Auvergne ne fécondent, et on le comprendra sans peine, que des prés à foin, toute autre culture ne pouvant guère s'accommoder d'un tel système d'irrigation, tandis que les canaux du nord, outre qu'ils entretiennent de magnifiques pâturages toujours frais, toujours verts, rendent à tous les genres de culture les mêmes services.

Il est donc vrai que les canaux sont non-seulement d'excellents moyens d'irrigation, mais encore les seuls réguliers, les seuls vraiment efficaces, les seuls enfin qui, sans désordre, fassent produire aux eaux disponibles d'un pays tout leur effet utile. Comment comprendre maintenant ce qui se passe depuis deux ans au sein de nos assemblées législatives ? D'une part, la question de l'irrigation des terres vient-elle à surgir, on l'accueille avec intérêt, on l'étudie, on la débat avec une sollicitude, sinon très éclairée, au moins très vive. De l'autre, s'agit-il des canaux, on se montre de glace à leur endroit, on va même jusqu'à refuser l'achèvement de ceux qui sont en cours d'exécution. Pourquoi cela ? Serait-ce par hasard que les canaux ont le tort de joindre à l'avantage d'être les meilleurs conduits possibles d'irrigation, celui d'être les voies de communication les plus économiques ? Ce qui est vrai, c'est que les chambres, aussi bien que le public, ont été momentanément égarées par des théories décevantes. Elles reviendront, nous n'en doutons pas, de ces erreurs funestes. Autrement il faudrait désespérer de la santé morale autant que des intérêts matériels du pays.

Quoi qu'il en soit, on voit que pour les canaux, aussi bien que pour les rivières canalisées, la dépense de la construction étant largement payée par les services rendus à la terre, les services rendus à la navigation sont acquis au pays à titre purement gratuit.

IV. -LES CANAUX ET LES CHEMINS DE FER BELGES.

Les pays de l'Europe qui paraissent avoir le mieux compris ces vérités sont la Hollande et la Belgique : non pas qu'en Angleterre la canalisation ne soit aussi avancée, aussi complète ; mais les voies d'eau y étant abandonnées généralement à des compagnies exploitantes, on y a perdu de vue trop tôt les bienfaits de toute nature que ces voies répandent sur le pays, pour les considérer exclusivement comme des valeurs financières, sources de revenus commerciaux. La Belgique et la Hollande, au contraire, pays très bas et souvent exposés, surtout vers le littoral de la mer, à être couverts par les eaux, ont été fréquemment rappelés, par leur situation même, à des sentiments plus justes. Les premiers travaux qui y ont été exécutés en ce genre sont des canaux d'épuisement, destinés à verser le superflu des eaux dans la mer. Dans cette prévision, on y a créé d'ancienne date d'excellentes institutions, dont nous avons vu une imitation et comme un reflet dans une contrée de la France voisine de la Belgique, et placée à certains égards dans une situation semblable. Il semble que ces premiers canaux, commandés par la nécessité, et dont l'unique but était le desséchement des terres, aient, en multipliant leurs services au-delà des espérances qu'ils avaient fait naître, donné comme l'avant-goût de ce que ces utiles créations pouvaient produire, et encouragé de semblables travaux là même où une nécessité impérieuse ne les commandait plus. Toujours est-il que ces deux pays ont persévéré dans la voie féconde où ils s'étaient engagés. Ils présentent aujourd'hui un système de canalisation supérieur à celui de tous les pays du continent.

La Belgique ne paraît pas avoir perdu l'excellente tradition qu'elle s'était faite. Quoiqu'elle possède déjà un ensemble de canaux très respectable, elle n'en poursuit pas moins son œuvre de canalisation avec une ardeur réglée et une persévérance infatigable. Il semble que l'esprit des sociétés particulières instituées pour le régime des eaux ait passé dans le gouvernement et dans les chambres. Malgré l'achèvement complet du chemin de fer national, quoiqu'il semble que rien ne manque plus désormais pour faciliter les communications régulières dans le pays, les travaux de canalisation suivent leur cours toutes les voies d'eau naturelles ou artificielles se perfectionnent, s'achèvent ou se complètent. Chose étrange ! pendant que la France, qui n'a pas encore de chemins de fer, dont le système de canalisation est à peine ébauché, paraît accueillir, sur la foi de quelques bravades irréfléchies, l'idée barbare de l'abandon de ses rivières, de l'abandon de ses canaux, la Belgique, si bien pourvue quant aux deux modes de transport, s'impose en faveur de ses

Charles Coquelin

voies d'eau de nouveaux sacrifices. C'est qu'on a compris dans ce pays, par l'expérience qu'on en a faite, la merveilleuse utilité de ces travaux.

On a dit, en parlant de la Belgique, que si, lors de la création des chemins de fer, les canaux n'avaient pas existé, si le gouvernement avait eu à choisir, « il aurait repoussé le canal, et il aurait eu pour lui le suffrage des hommes de sens. » Nous jugerions à peine utile de relever ces paroles inconsidérées, si nous n'avions pas lieu de croire qu'elles ont eu malheureusement quelque influence. Il est trop facile pourtant d'en démontrer l'erreur.

D'abord, quand même le gouvernement belge aurait considéré les chemins de fer comme fort supérieurs aux canaux en tant que moyens de transport, il n'aurait pas apparemment repoussé cette portion *du canal* qui était nécessaire pour rendre à la culture la partie du littoral couverte par les eaux ; il l'aurait toujours entreprise, sinon comme voie navigable, au moins comme moyen' d'épuisement, et il se serait trouvé par là à peu près au même point où les faits antérieurs l'avaient mis. Quelle que fût donc son opinion quant à la valeur relative des deux modes de communication, il n'avait à cet égard aucun regret à former.

Comment se fait-il ensuite que ce gouvernement, qu'on présente comme subissant à regret l'existence des canaux antérieurs au chemin de fer, vienne lui-même, quand déjà le chemin de fer existe, non-seulement poursuivre le complément des canaux existants, mais encore en proposer et en entreprendre d'autres ? En vérité, ce gouvernement nous paraît faire ici bien peu de cas de ce qu'on appelle le suffrage des hommes de sens. Veut-on en juger, on n'a qu'à lire le passage suivant d'un ouvrage publié en 1842 par le ministre des travaux publics de Belgique, et dans lequel sont exposées les vues du gouvernement pour la canalisation du pays.

« Les projets dont nous proposons l'exécution se partagent en trois catégories : la première comprend ceux qui, par leur caractère d'utilité générale, leur but agricole et commercial, ou le peu de chances qu'ils offrent à la spéculation, demandent à être exécutés par l'état ; la seconde se forme de ceux qui, par leurs spécialités productives, sont susceptibles de péages assez élevés pour devenir l'objet d'entreprises par concession ; dans la troisième rentrent les améliorations motivées par des considérations locales, et qui incombent particulièrement aux provinces et aux communes.

« Dans la première catégorie se rangent le canal de Selzacte, — la mise en grande section des six premières écluses du canal de Charleroi, — l'amélioration du tirant d'eau de la Sambre, — l'amélioration du Rappel, — l'amélioration de la Rendre entre Ath et Alost, — le canal de Bocholt à Herenthals [5] et les améliorations de la Petite- Nethe, — l'amélioration de la navigation de la Meuse, — enfin l'achèvement du canal de Meuse et Moselle jusqu'à la Roche.

« La seconde catégorie renferme le canal de Bossuyt à Courtrai, — le canal de Mons à la Sambre par la Trouille, — le canal de Mons aux embranchements du canal de Charleroi, — le canal de Vilvorde à Diest, — la canalisation du Petit-Schyn et sa jonction à la Petite-Nethe canalisée.

« La troisième catégorie comprend l'amélioration des canaux de l'Yperlée, de Loo et de Furnes, — la canalisation du Mandel, — la canalisation de la Grande-Nethe, — le canal de Deynse au canal de Bruges, — enfin l'amélioration de l'écoulement des eaux du bassin de l'Iser et de la traversée du port de Nieuport.

« Ainsi, d'après nos propositions, l'état aurait à sa charge le montant intégral des dépenses de la première catégorie ; il devrait, en outre, intervenir dans les dépenses des deux autres par des subsides d'une quotité déterminée [6]. »

On dira peut-être à cela que tous ceux des travaux compris dans cette liste qui peuvent être considérés comme de nouvelles créations ont, comme le canal de la Campine, un autre objet que la navigation. Et qu'importe ? s'il en est ainsi, ce qui est fort possible, ils ressemblent beaucoup en cela à tous les autres. Loin d'en conclure que le gouvernement belge doit regretter l'existence de ses anciens canaux, nous en conclurons plutôt qu'il en a bien compris l'objet et la valeur. Nous : en tirerons même cette autre conséquence, que, pour les nouveaux canaux comme pour les anciens, le péage ne sera pas dû en principe, puisque, la construction en étant déjà justifiée par des considérations d'un autre ordre, les services qu'ils rendront comme voies navigables, si étendus qu'ils puissent être, seront acquis au pays à titre purement gratuit.

Quand on considère de ce point de vue, qui est le seul véritable, l'existence des canaux, on n'a point de peine à s'expliquer pourquoi les droits de navigation sont si peu élevés en Belgique. On comprend que cette modération, au lieu d'être une faveur faite par le gouvernement, n'est qu'un résultat naturel des circonstances. Il ne s'agit pas d'examiner ici comment cette modération est expliquée, interprétée, soit dans les discussions des chambres, soit dans les documents officiels ; nous savons même qu'il y a eu à cet égard des versions diverses : ce que nous examinons, c'est la manière dont elle est justifiée par les faits. Or, un grand nombre de canaux ayant été exécutés par les propriétaires des terres ou à leurs frais, l'état en ayant lui-même entrepris d'autres en sa qualité de représentant des intérêts du sol, tous enfin payant largement par l'amélioration des terres la dépense qu'ils ont causée, on ne voit pas pourquoi cette dépense resterait à la charge de la navigation. Cela ne veut pas dire que le gouvernement belge n'avait pas le droit d'établir des tarifs plus élevés, et qu'en le faisant il eût commis une exaction : non, le droit d'un gouvernement sur les travaux qu'il exécute n'est pas nécessairement limité par la mesure des services rendus. Il faut bien qu'il prélève l'impôt quelque part, et quant au choix des objets imposables, il ne doit consulter en cela que l'intérêt du pays. Cela veut dire seulement qu'en modérant ses exigences, ce gouvernement n'accorde pas une faveur, qu'il ne fait au contraire que laisser les choses dans leur état normal, et que, s'il établissait des tarifs plus élevés, ce ne serait plus comme paiement direct de services rendus, mais comme impôt.

Les droits de navigation sur les canaux belges sont donc en général très modérés. Est-il besoin de dire maintenant ce que devient la concurrence des chemins de fer et des voies navigables dans ces nouvelles conditions ? Tous les résultats se résument en quelques mots. Partout où les deux modes de transport se trouvent en présence, les voies navigables ont conservé, pour le transport des marchandises pesantes, qui est leur apanage, une supériorité absolue, décisive. C'est à peine si leur clientelle a été entamée par les voies rivales : elle s'est même accrue en peu de temps dans d'énormes proportions. Laissons pourtant cet exemple et les conséquences si nombreuses qu'on en pourrait tirer. Tout ce que nous voulons conclure de ce qui précède, c'est que les droits modérés sur les canaux ne constituent pas une exception favorable, mais un état normal ; c'est qu'il faut prendre à cet égard la Belgique et non l'Angleterre pour modèle, et que, dans cette situation vraiment régulière des choses, toute concurrence sérieuse est impossible entre les deux modes de transport que l'on suppose rivaux. Ils rentrent tous les deux, s'il est permis de s'exprimer ainsi, dans leur rôle ; chacun d'eux prend la place qui lui appartient ; le pays n'en est que mieux et plus complètement servi, et la part des chemins de fer reste encore assez belle pour ne laisser rien à regretter.

NOTES

1.   Quand nous y passâmes au mois d'avril de l'année dernière, on s'occupait d'en agrandir les arches.

2.   La Nive, quoique barrée, ne laisse pas d'être jusqu'à un certain point navigable ; grâce à des coupures faites dans les barrages. Elle est fréquentée par de petits bateaux ou chalands, très allongés, très minces, dont la pointe se relève par devant, à peu près comme les patins des patineurs, afin qu'ils ne soient pas exposés à plonger en descendant les nasses. A chaque coupure de barrage, on a établi une sorte de petit chemin de halage, en forme d'estacade en bois, dont on se sert pour faire remonter les bateaux au retour. C'est, comme on le voit, une navigation fort imparfaite, et qui met à l'épreuve l'adresse connue des bateliers basques. Elle n'est pourtant pas sans intérêt. Par là descend des Pyrénées vers Bayonne le kaolin, qui alimente nos fabriques de porcelaine.

3.   La force que chaque barrage engendrerait sur la Seine dépendrait, comme partout, de la hauteur de la chute, et par conséquent de l'intervalle qu'on laisserait d'un barrage à l'autre ; mais on ne peut guère estimer cette force à moins de mille ou deux mille chevaux.

4.   Il existe dans l'arrondissement de Dunkerque une institution empruntée autrefois à la Hollande et à la Belgique, et qui est unique en France : c'est la Société dite des Wateringues. Comme l'indique le nom flamand qu'elle porte, cette société a pour objet de pourvoir à l'aménagement des eaux. Elle se compose de tous les propriétaires de terres, qui contribuent à l'exécution des travaux hydrauliques par des cotisations annuelles, proportionnées à l'im-

Charles Coquelin

portance de leurs propriétés. La plupart des canaux dont ce pays est coupé en tout sens ont été exécutés aux frais de cette société ou avec son concours.

5.		C'est celui qu'on désigne sous le nom de canal de la Campine.

6.		Considérations historiques, suivies de propositions diverses ayant pour objet l'amélioration et l'extension de la navigation.

ISBN : 978-1973914051

9 781973 914051